Tione Raht

Die Geschichte der Seidenblumen

Tione Raht

Die Geschichte der Seidenblumen

textilkunst-fachschriften

Verlag M. & H. Schaper Hannover

 Printed in Western Germany

Satz, Druck, buchbinderische Verarbeitung: CW Niemeyer Druck, Hameln

ISBN 3-7944-0113-1

Inhalt

Titelbild: Prinzessin Amalie von Preußen, eine Schwester Friedrichs des Großen, wurde von Antoine Pesne als schöne Salon-Schäferin mit Hirtenstab und künstlichen Feldblumen auf Kleid und Hut gemalt.

Vorwort

Denn wir halten es verdienstlich,
Lobenswürdig ganz und gar,
Unsere Blumen, glänzend künstlich,
Blühen fort das ganze Jahr.

Goethe: „Faust", II. Teil

Klosterfrauen und Fürstenmätressen, kleine Arbeiterinnen und große Künstler, tüchtige Unternehmer und geschickte Amateurinnen haben sich im Laufe der Jahrhunderte mit dem zarten Kunsthandwerk der Stoffblumen beschäftigt, ob aus Liebe zu ihnen oder um davon zu leben. Die unverwelkbare Flora ließ Industrien wachsen, Handel blühen, bestimmte Moden und Innendekorationen. Seidenblumen dienten als königliche Geschenke und sentimentale Souvenirs, sie füllten Ausstellungen und Modeberichte, schmückten Heilige wie Halbweltdamen. In der Geschichte der Seidenblumen ist alles enthalten.

Wie bei den meisten Geschichten spielte auch mir der Zufall den Anfang in die Hand. Eine Pariser Freundin brachte mir ein bezauberndes kleines Bukett mit, lange bevor die Kunstblumen in jedem Kaufhaus und fast in jedem Blumenladen zu haben waren. Sie hatte es in einem über hundert Jahre alten Geschäft erstanden, das ein eigenes Atelier de Fleuriste besaß und auch die Besatzblumen für die großen Pariser Modehäuser machte.

Das Sträußchen weckte meine Neugier als Journalistin. Daraus läßt sich ein Artikel machen, dachte ich, und begann nach den handgemachten Blüten Ausschau zu halten. Auf einmal entdeckte ich sie überall – in Modeschauen und alten Almanachen, Museen, Literatur und Biographien.

Es war, als hätte man begonnen, ein Knäuel abzuspulen und dabei die Überraschung zu erleben, den Faden länger und länger werden zu sehen. So ist ein Buch entstanden. Floreat!

Tione Raht

Abb. 1: Die elegante und raffinierte Rokoko-Mode liebte die Seidenblumen als anmutige Accessoires. Madame de Pompadour, Maitresse en titre des französischen Königs Ludwig XV., trug dieses türkisfarbene Atlaskleid, das reich mit Rosengirlanden garniert war.
Porträt von François Boucher 1756.

Blumenkünstler, Blumenhandel, Blumenorte

„... denn das Gebiet des Luxus ist es eben, worin sich der Handel mit Erfolg bewegt, indem bei Gegenständen dieser Art Geschmack und Form das Hauptverdienst ausmachen."

Ausstellungsbericht über die Sächsische Gewerbeausstellung von 1840

Im Buch der Könige des Alten Testamentes wird von dem Besuch der sagenhaften Königin von Saba bei Salomo berichtet: „... Sie kam, um Salomo mit Rätselfragen zu prüfen..." Unter ihnen soll auch ein Blumenrätsel gewesen sein. Zwölf prachtvolle Lilien wurden dem weisen Herrscher Israels gezeigt, unter denen er die echten und die künstlichen herausfinden sollte. Mit dem Auge war kein Unterschied zu erkennen, doch Salomo sah eine Biene von Kelch zu Kelch fliegen und erriet, daß alle Blüten, die sie ausließ, nicht von der Natur gemacht worden waren.

Wenn diese Erzählung Wahrheit umschließt, geht die Herstellung künstlicher Blumen bis um 1000 v. Chr. zurück. Im antiken Griechenland wie im römischen Imperium war Kranzflechten ein anerkanntes Gewerbe. Es lag in den Händen der Frauen, sie hatten die feinsten Finger dafür, und wenn die Jahreszeiten der frischen Blumen vorbei waren oder ein Kranz besonders lange halten sollte, banden sie auch Immortellen, Wintergrün oder Wachsblumen hinein. Plinius berichtet von kostbaren Kränzen, die aus Ägypten eingeführt wurden. Sie hatten Blüten aus Papyrusrinde und Seide und waren duftend parfümiert.

Doch die eigentliche Geschichte der Seidenblumen beginnt im Mittelalter und zwar in den Nonnenklöstern. Die Ordensschwestern hätten keine Frauen sein müssen, um nicht den Wunsch gehabt zu haben, ihre Kirchen, Heiligenbilder und Altäre mit Blumen zu schmücken. Da in der Winterzeit oder im heißen Süden, wo Frisches schnell welkt, natürliche Blumen ein Problem waren, begannen die Nonnen mit künstlichen zu experimentieren. Eine Marien-Legende verrät etwas über diese ersten Bemühungen. Sie erzählt, wie um die Weihnachtszeit Maria dem kleinen Jesus einen Blumenkranz machen wollte, und da sie nichts Blühendes fand, aus Stoff kleine, weiße Blüten zurechtschnitt. Dabei verletzte sie sich am Finger, und ihre Blutstropfen fielen auf die künstlichen Blüten. Seither, so schließt die Legende, tragen die weißen Marienblümchen rote Tupfen.

Auch die Blumenarbeiterinnen unter dem Schleier werden sich oft genug in die Finger geschnitten haben bei ihrer mit unzureichenden Werkzeugen und steifem Material ausgeführten Tätigkeit. Sehr gelungen scheinen ihre blumigen Erzeugnisse am Anfang auch nicht gewesen zu sein, denn die Kirchenbehörden gaben bald strenge Vorschriften heraus, um Qualität und Geschmack ihrer Altar- und Prozessions-Dekorationen zu verbessern. Sie durften nur aus Seide und sollten künstlerisch ausgeführt sein.

Mit der Zeit wurden die Nonnen zu Meisterinnen in der Blumenkunst. Besonders die italienischen Schwestern taten sich hier hervor. Als alle Altäre und Heiligen reichlich geschmückt waren, begannen sie ihre Erzeugnisse auch zu verkaufen. Bis ins 18. Jahrhundert hatten die *Welschen Blumen* einen großen Ruf und waren ein bedeutender Exportartikel. Vor allem aus Norditalien wurden sie verschickt, da hier die bedeutendste Seidenindustrie Europas zwischen dem 14. bis zum 17. Jahrhundert zu Hause war, aus deren Abfällen die „Seidenblumen" entstanden.

„... Meine Schwester, die sich zu einem Balle vorbereitete, bat mich, ihr bei einer Galanteriehändlerin sogenannte italienische Blumen zu holen. Sie wurden in Klöstern gemacht, waren klein und niedlich, Myrten besonders. Zwergröslein und dergleichen fielen gar schön und natürlich aus..."

So nachzulesen in Goethes *Dichtung und Wahrheit.* Aber auch in anderen Memoiren, Romanen und kommerziellen Berichten jener Zeit werden die zarten Konventsgewächse erwähnt. Manche Klosterschülerin, während ihrer Internatszeit im Blumenmachen unterwiesen, hat später daraus ein bewundertes Hobby oder aus Not einen Gelderwerb gemacht. In Zeiten, da es kaum Berufe für ein Mädchen aus gutem Hause gab, war dies manchmal die einzige Möglichkeit.

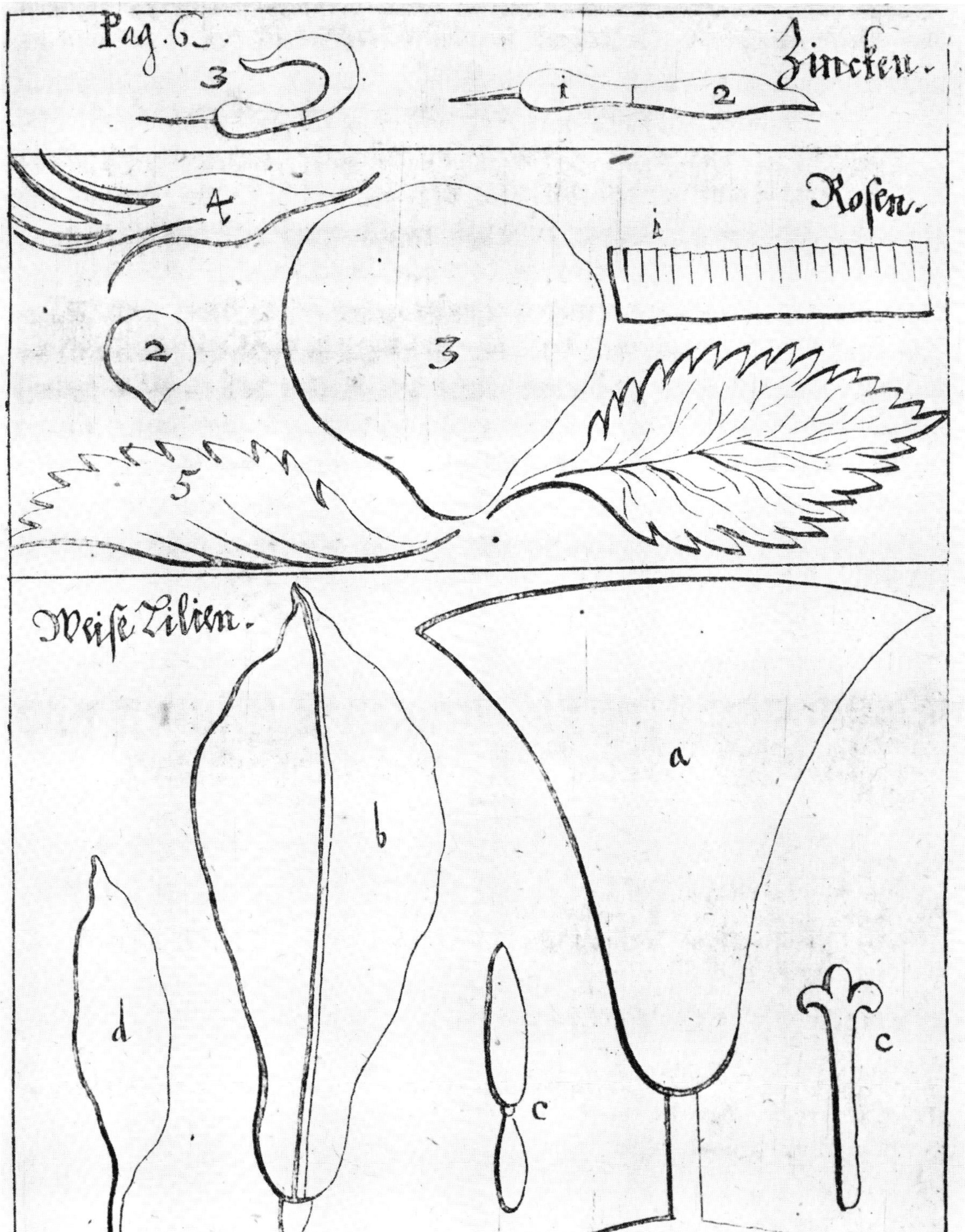

Abb. 2 und 3 Schnittmuster zur Herstellung von Stoffblumen. Erschienen in Nürnberg 1703.

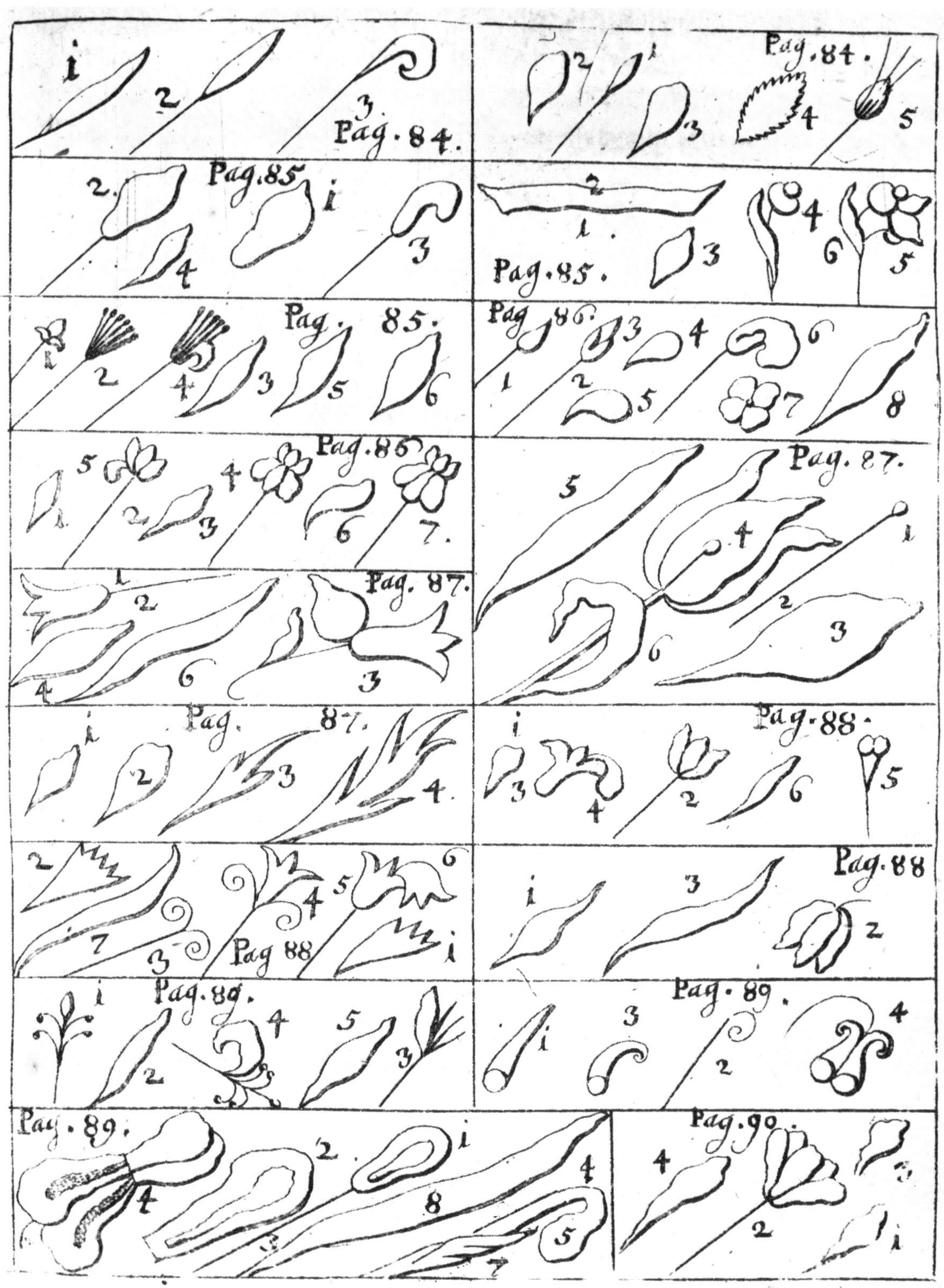
Pag. 84.
Pag. 84.
Pag. 85
Pag. 85.
Pag. 85.
Pag. 86.
Pag. 86
Pag. 87.
Pag. 87.
Pag. 87.
Pag. 88.
Pag. 88
Pag 88
Pag. 89.
Pag. 89.
Pag. 89.
Pag. 90.

Die italienischen Nonnen verarbeiteten nicht nur Seidenstoffe, vor allem eine feine Seidengaze, sie fanden auch Verwendung für die abgesponnenen Restkokons, die bei der Seidenspinnerei übrigbleiben. Sie wurden aufgeschnitten, in ihre verschiedenen Schichten zerlegt, gefärbt und als fertige Blütenblättchen verwendet.

Das war vor allem Kinderarbeit. „... Es ist dies gemeiniglich eine Beschäftigung für kleine Mädchen, welche die Arbeit mit ihren subtilen Fingern am besten verrichten können ..." kann man im *Gothaischen Taschenbuch zu Nutzen und Vergnügen* für das Jahr 1786 lesen.

Eine Zeitlang waren diese Kokonblumen sehr begehrt. Fabriken für ihre Herstellung wurden auch in Frankreich und Deutschland gegründet, und zu ihnen gehörte die *Berlinische Cocon-Blumen-Fabrique an der Gertraudenbrücke.* In ihrer Blütezeit beschäftigte sie an die zweihundert Personen, ging aber später auf die Verarbeitung von Stoffen über.

Das handwerkliche Können der Blumenmacher hatte sich mit den Jahren immer mehr verbessert, nur die Herstellung war alles andere als rationell. Zeit spielte für die Nonnen keine Rolle, und Löhne waren ja nicht zu zahlen. Als jedoch die Herstellung des Blumenschmucks, der inzwischen für die Mode so wichtig geworden war, mehr und mehr in weltliche Hände überging, wurden auch kaufmännische Gesichtspunkte bestimmender. Frankreich, tonangebend in der Mode und durch seine hochqualifizierte Lyoner Stoffindustrie unabhängig von ausländischen Seiden geworden, bot sich geradezu als Blumenland an. Nun interessierten sich auch Männer für dieses feminine Metier und investierten Erfindungsgeist und technisches Geschick. Ein Monsieur Seguin, der in der ersten Hälfte des 18. Jahrhunderts in Paris lebte und botanische wie chemische Studien betrieb, setzte seine botanischen Kenntnisse in Seidenblumen um. Er machte die absolute Naturtreue zum Leitmotiv aller Blumenmacher, die es vorher nicht allzu genau genommen hatten. Bald darauf erfand ein Schweizer die Ausschlag- oder Stanzeisen, und damit war die Vorbedingung für die industrielle Fertigung gegeben, die Tausenden zu einer Arbeit verhalf.

Neben der kommerziellen Seite gewann auch die künstlerische Seite an Bedeutung. Blumenkünstler machten in der Gesellschaft von sich reden wie ein gewisser T. J. Wenzel, der seit 1777 in

Abb. 4: In der Enzyklopädie von Diderot ist auch eine Kunstblumen-Werkstatt abgebildet. Die einzelnen Arbeitsgänge haben sich für handgearbeitete Blumen bis heute kaum verändert. a) Montieren der Blumen. b) Ausstanzen der Blumenformen. c) Anfertigen von Knospen. d) Bedienung einer Prägestanze. e) Herabholen der zum Trocknen aufgehängten oder appretierten Stoffe. f,g) Umwickeln von Blumendraht mit Papierstreifen. h,i) Modellieren der Blüten mit erhitzten Boule- und Präge-Eisen.

Paris lebte. Wahrscheinlich war er aus Böhmen gekommen. Er besaß so göttergleiche Finger, daß er zum *Fleuriste de la Reine,* also zum Hofblumenmacher, aufstieg. Die Krönung seines Könnens und seines Ruhmes war eine Rose, in fürstlichem Auftrag als Neujahrsgeschenk der Königin Marie Antoinette überreicht. Die Königin der Blumen war aus jenen Häutchen zusammengehaucht, die sich unter der Eierschale befinden. Schöner und zarter anzusehen als alle Natur, wurde sie entsprechend am Busen der Habsburgerin auf dem Bourbonen-Thron bewundert.
Wenzel hatte, zu seinem Leidwesen, einen sehr ehrgeizigen Konkurrenten, den Modewarenhändler und Coiffeur Beaulard. Dieser ging ebenfalls bei der Königin ein und aus, denn er frisierte sie auch. Nach der Meinung seiner Zeitgenossen überstieg sein Erfindungsgeist alles Vorstellbare. Beaulard war ein Bastler und Techniker, so verehrte er der Königin eine Rose, welche langsam aufblühte, wenn man eine Knospe berührte, und dabei enthüllte sie in ihrem Kelch eine Miniatur der Fürstin. Beaulard erfand auch eine durch Knopfdruck zusammenfaltbare Frisur als praktische Lösung für alle jene Damen, die sie zwar modisch nicht hoch genug haben konnten, aber auch nicht das lächerliche Schauspiel bieten wollten, in Zimmer- oder Karossen-Türen steckenzubleiben.
Was in den zahlreichen Blumen-Werkstätten und Heimarbeiterzimmern entstand, war weniger raffiniert, galt aber dennoch als Luxusartikel, den sich nur Aristokraten und reiches Bürgertum leisten konnten. In der berühmten *Encyclopédie des Arts et Métiers* von Denis Diderot findet sich unter den dargestellten Handwerkszweigen auch ein *Atelier de Fleuristes.* Auf dem Stich sind Männer, Frauen und Kinder in einem großen Werkstattraum beschäftigt. Wenn das Blumenmachen auch ein feminines Metier war, so wurden doch kräftige Männerarme gebraucht, um mit den Stanzeisen die Blüten auszuschlagen, das Färben und Appretieren der Stoffe zu übernehmen und, wie auf der Abbildung zu sehen, stramm gespannte Drähte mit grünem Papier zu umwikkeln, die Vorbereitungsarbeit für die Blumenstiele. Kinder bekamen die kniffligen Arbeiten zugewiesen, etwa Vergißmeinnicht-Blüten zu sortieren und zu montieren. Sie wurden wie vollwertige Arbeitskräfte behandelt, wenn auch nicht bezahlt.

Blumenmachen war eine leichte, saubere Arbeit und deshalb sehr begehrt. Im 18. Jahrhundert galt es auch noch nicht als anrüchig, wie später, in diesem Metier sein Geld zu verdienen. „... Wieviele arme Eltern, die mit ihren Töchtern nirgends hinwissen und selbige nicht gerne in niedrige und verächtliche Dienste geben wollen, sich aber des Bettelns schämen, finden hier Gelegenheit, ihnen Brot und Unterhalt auf eine recht spielende und angenehme Art zu verschaffen ..." schwärmt ein Zeitgenosse in seinem Bericht über die Berlinische Cocon-Blumen-Fabrique.

Auch Christiane Vulpius hatte, bevor sie Goethe traf, in einer Weimarer Blumenfabrik für Lohn gearbeitet. Was war ihr anderes übriggeblieben als mittellose und unverheiratete Tochter eines verstorbenen Amtsarchivars? Die gute Weimarer Gesellschaft nannte sie zeitlebens etwas spöttisch „das Blumenmädchen". Goethe kannte die Fabrik, die eigentlich nur ein großer Mansardenraum im Wohnhaus von Friedrich Justin Bertuch war, dem ehemaligen Geheimsekretär und Schatullverwalter des Herzogs Karl August. Ein betriebsamer und vielseitiger Mann, der auch die erste deutsche Modenzeitung, das *Journal des Luxus und der Moden,* gründete.

Bertuchs Unternehmen wurde wie ein Pensionat von seiner Frau und seiner Schwägerin beaufsichtigt. Sie beschäftigte bis zu fünfzig Mädchen, nannte sich *Fürstlich privilegierte Blumenfabrik zu Weimar* und versandte, nach Warenliste, auch nach auswärts. Der Katalog gibt einen guten Überblick über die begehrten Artikel vor der Französischen Revolution. Außer „... vermischten Blumen von Taft und Battist, Bouquetts von verschiedener Größe, einzelnen Zweigen und Garnir-Blumen, Rosen, rothe und weiße, Guirlanden zu Kopfputz oder Kleider-Garnirungen ..." wurden auch „... Fantasie- und Caprice-Blumen von neuester Mode ..." angeboten.

Bertuch lieferte an Grossisten und Modewarenhändler, gelegentlich aber auch an Privatkunden, zu denen Frau Rath Goethe in Frankfurt gehörte. Ihr Renommé als Mutter eines bekannten Dichters und Schriftstellers bewahrte sie nicht davor, manchmal monatelang auf ihre Bestellung warten zu müssen, so daß sie höfliche Mahnschreiben an den Hochgeehrten Herrn Rath Bertuch verfaßte: „... Haben Sie also die Güte und überschicken Sie mir von den herrlichen Blumen, besonders erbitte mir Feldblumen, als Kornblumen, Vergißmeinnicht, Reseda, Klapperrosen usw....'. Ew. Wohlgeboren werden mich dadurch sehr verpflichten..."

Ihr großer Sohn, von der Natur zeit seines Lebens fasziniert, hat sich immer für das der Flora gewidmete Metier seiner Christiane interessiert und besonders für die nicht naturgetreuen, von der Mode diktierten Varianten.

Bunte Blumen, Malven ähnlich,
Aus dem Moos ein Wunderflor!
Der Natur ist's nicht gewöhnlich,
Doch die Mode bringt's hervor,

dichtete er unter der Überschrift *Phantasiekranz*.

Für eine neue Blumengarnierung gingen die Damen zur Modewaren- oder Galanteriehändlerin, in Frankreich zur Marchande de Modes, die ihre Blumenauswahl bei den Fleuristes bestellte – wenn sie nicht selbst ein Atelier unterhielt. Bei ihr wurden die Garnierungen nicht nur gekauft, sondern auch die Kleider, Hüte und Hauben damit aufgeputzt. Originelle und auffallende Besätze waren die Hauptsache an den Roben des 18. und auch noch des 19. Jahrhunderts, da die Schnitte über Jahre, selbst Jahrzehnte, kaum wechselten.

So war die Adresse und das Sich-gut-Stehen mit einer geschickten und einfallsreichen Modehändlerin von großer Wichtigkeit. Zu ihren vornehmsten Kundinnen kam sie ins Haus, begleitet von einem Laufmädchen, das die Kartons mit den Blumen, Bändern und sonstigem Putz trug. Als Werbung dienten künstlerisch entworfene Briefköpfe und Firmenkarten, etwa mit der Zeichnung eines zierlichen Rahmens, umschlungen von Blumengirlanden und dem eingefügten Medaillon der Göttin Flora mit der Inschrift „Zur Blumengöttin". Darunter die Adresse und der Text, wie z. B. „Mlle Filliard führt ein Magazin und eine neue Blumenfabrik, übernimmt Hochzeitskörbe, Kleidergarnituren und alles, was Modearbeiten betrifft, beliefert die Provinz und das Ausland".

Abb. 5: Christiane Vulpius, mit ihrem Sohn August auf dem Schoß gemalt, arbeitete vor ihrer Bekanntschaft mit Goethe in einer Weimarer Kunstblumenfabrik.

17

Im Paris Ludwigs XVI. war Rose Bertin die Königin der Marchandes de Modes, und ihre renommierteste Kundin war die Königin von Frankreich. Die Bertin belieferte aber auch Madame Dubarry, die letzte Maitresse en titre von Ludwig XV. Auf den Rechnungen, die noch erhalten sind, ist unter anderen Artikeln die Garnierung für ein blau-silbernes Kleid aufgeführt, bestehend aus Goldähren, Perlen und Silberschnüren sowie ein Bukett aus Batist-Flieder.
Louis Sebastien Mercier, der unermüdliche Reporter Pariser Lebens der Dekade vor der Französischen Revolution, hat auch die mit Blumen beschäftigten Modistinnen in seinen Artikeln festgehalten:
„... In allen Straßen stößt man auf ihre Buden voller Schleierchen, Federn, Blumen aus Seide, Bänder, Damenhüte. Und nicht einmal die engste Nachbarschaft zu Büchsenmachern, Helmschmieden und Degenhändlern vermag sie abzuschrecken. – Obschon sie ihr Nadelwerk wie mit Ketten am Tisch festhält, lassen sich diese Mädchen mit den flinken Augen dennoch nichts von dem entgehen, was draußen los ist ... Ihr gemeinsamer, stets heiß umstrittener Lieblingsplatz ist denn auch direkt zur Gasse hin, der zwinkernden Huldigungen wegen, die man dort von den scharenweis vorübergehenden Männern einzuheimsen pflegt ... In diesen Budiken entdeckt man die niedlichsten Geschöpfe Seite an Seite mit wüsten Vetteln, und unwillkürlich denkt man dann an den Serail, wo den einen die Rolle der Lieblingsfrauen zukommt, den anderen die der Wächterinnen ...“
Auch außerhalb Frankreichs trugen die Ateliers de Fleuristes oder die Modeboutiques oft französische Namen. Man konnte mit dem Pariser Renommé im Ausland gut verdienen, und als die Revolution viele zur Flucht zwang, waren es die Emigrantinnen, die sich mit dieser modewichtigen Tätigkeit in Deutschland, England oder in der Schweiz durchbrachten. Adelbert von Chamisso, der deutsche Dichter und Naturforscher, war als Kind mit seiner Familie aus Frankreich nach Preußen geflüchtet und half seinen Schwestern bei der Herstellung und Verkauf von künstlichen Blumen. Die berühmteste unter den emigrierten Blumenkünstlerinnen war wohl Stephanie Felicité de Genlis. Diese anziehende, geistreiche und künstlerisch begabte Aristokratin war

Abb. 6: Stéphanie Félicité de Genlis, Hofdame und Geliebte des Herzogs von Orléans, machte sich einen Namen als begabte Blumenkünstlerin und erfolgreiche Schriftstellerin.

19

erst Hofdame der Herzogin von Orléans gewesen, dann Geliebte des Herzogs und schließlich Erzieherin der Kinder beider und eine recht gute dazu. Das Blumenmachen hatte sie als Hobby bei dem renommierten Wenzel gelernt. Nachdem ihr Liebhaber, als Philippe Egalité in der Geschichte bekannt, unter der Guillotine sein Leben verlor und auch ihres nicht mehr viel wert war, gelang ihr mit einer der Prinzessinnen die Flucht in die Schweiz. Sie ernährte sich und ihren Zögling mit Seidenblumenmachen und begann später eine erfolgreiche Laufbahn als Schriftstellerin.
Bis ins 20. Jahrhundert nutzten Französinnen oder solche, die vorgaben, es zu sein, die modische Vormachtstellung ihrer Heimat, um im Ausland ihr Brot zu verdienen. In Theodor Fontanes Erzählung *L'Adultera* kommt eine dieser tüchtigen Geschäfsfrauen vor: „... Und so gingen sie die große Petristraße hinunter, ... bis sie ... das Geschäft der Madame Guichard entdeckten, einen kleinen Laden, in dessen Schaufenster ein Teil ihrer französischen Blumen ausgebreitet lag. Und nun traten sie ein. Einige Kartons wurden ihnen gezeigt, und ehe noch viele Worte gewechselt waren, war auch schon die Wahl getroffen. In der Tat, Rubehn hatte sich für eine Granatblütengarnitur entschieden, und eine Direktrice, die mit zugegen war, versprach alles zu schicken. Melanie selbst aber gab der Französin ihre Karte. Diese versuchte den langen Titel und Namen zu bewältigen, und ein Lächeln flog erst über ihr Gesicht, als sie das *Née de Caparoux* las. Ihre nicht hübschen Züge verklärten sich plötzlich, und es war mit einem unbeschreiblichen Ausdruck von Glück und Wehmut, daß sie sagte: „Madame est Française? Ah, notre belle France!"
Blumenmachen war ein feminines Metier, und Frauen bemühten sich im 19. Jahrhundert, die Herstellung zu perfektionieren und populärer zu machen. Alsbald erschienen Fachbücher von denen das älteste wahrscheinlich das von Madame Celnart 1822 herausgegebene *Manuel du Fleuriste artificiel* gewesen ist, auf dem auch späterere Fachschriften fußten. Weit verbreitet in Deutschland war das 1881 erschienene Buch von Adèle Lénard, Vorsteherin einer Blumenfabrik „... nach eigenen, langjährigen Erfahrungen verfaßt ..."
In den Annalen der Blumenmacherei gebührt auch der Dresdenerin Charlotte Friederike Häntzschke ein Ehrenplatz. Als Blumenmacherin, Putz- und Modehändlerin im Adreßbuch der

L'ART DE LA FLEURISTE ARTIFICIELLE.

Abb. 7: Pariser Blumenarbeiterinnen um 1840, Beginn des viktorianischen Zeitalters. Rechts ist das Ausstanzen der Formen zu erkennen, links das Montieren der Blüten.

sächsischen Hauptstadt eingetragen, muß sie nicht nur eine geschäftstüchtige, sondern auch erfindungsreiche Frau gewesen sein. 1815 bat sie das Geheime Finanz-Kollegium zu Dresden um die käufliche Überlassung einer alten Prägemaschine, um sie zu einer Blätterstanzmaschine umzubauen. Sie wurde ihr nach gründlicher Überprüfung ihres Antrages zu einem Preis von 30 Talern überlassen und damit der erste Schritt zu einer teilweise maschinellen Herstellung getan. Schon 1803 war in Paris eine Zeichenschule gegründet worden, in der talentierte Schneiderinnen, Blumenmacherinnen und Modistinnen an drei Tagen der Woche unentgeltlich Unterricht erhielten. Die Königin Amélie setzte sich während der Regierungszeit ihres Ehemannes, des Bürgerkönigs Louis Philippe, für eine nur den Blumenarbeiterinnen bestimmte Fachschule ein. Um diese Zeit war Frankreich führend in der Kunstblumen-Herstellung und in der Produktion völlig durchrationalisiert.

1847 existierten in Paris 48 Fabriken für Blumen-Bestandteile, die ungefähr 500 Arbeiter beschäftigten. In weiteren 100 Betrieben wurden sie zu Einzelblumen zusammengesetzt. Diese Arbeit war unter einer kleinen Gruppe von Stammarbeitern und über 6000 Heimarbeitern aufgeteilt. Einzelblumen wiederum wanderten in die *Atelier de Monteurs,* wo sie zu den verschiedensten Arrangements zusammengestellt wurden. Davon gab es 474 mit rund 5700 Arbeitern. Aus dieser Aufstellung von 1847 kann man ablesen, daß rund 80 % der Arbeiter Frauen waren und 10 % Mädchen im Alter von sechs bis sechzehn Jahren. Klein- und Mittelbetriebe überwogen in der Blumenindustrie. Die Ausfuhr spielte schon in den biedermeierlichen Zeiten eine große Rolle, obwohl manche Staaten horrende Einfuhrzölle auf die leichte Modeware legten, in Rußland betrugen sie 40 % des Wertes.

Von Jahrzehnt zu Jahrzehnt wurden in Frankreich und Paris mehr Blumen produziert. 1865 verzeichnet die Statistik 2000 Werkstätten in Paris, die rund 15000 Personen beschäftigten. Neun Zehntel davon waren Frauen und Mädchen. 1906 wird die Beschäftigtenzahl mit etwa 19000 in Paris und noch einmal mit 9000 im übrigen Frankreich angegeben, während eine französische Encyclopédie über die Frau sogar die enorme Zahl von 65000 Fleuristes in Frankreich annimmt

Abb. 8: Französische Blumen-Werkstätte um 1860, der Zeit Napoleons III. und der Krinolinen. Die Passanten können bei der Arbeit zusehen, und die Mädchen haben Teil an ihrer Umwelt.

– „... ohne alle jene jungen Mädchen in den Ateliers der Klöster und Klosterschulen zu zählen, die nicht unter die Statistik fallen...“

In der gleichen Encyclopédie wird im Kapitel über die Frauenarbeit sehr anschaulich das Leben dieser Blumenarbeiterinnen beschrieben:

„... Die Lehrzeit der Blumenarbeiterinnen findet in der Werkstatt oder in Fachschulen statt. Um in diesem Handwerk Erfolg zu haben, braucht man Geschicklichkeit, Geschmack und die der Pariserin angeborene Liebe zu den natürlichen Blumen. Die Midinette, die sich für zwei Sous Pommes frites für ihr Dejeuner kauft und gleichzeitig auch zwei Sous für ein paar Rosen, einige Stengel Maiglöckchen, ein duftendes Sträußchen Nelken ausgibt, ist die geborene Fleuristin. Mit ein wenig Batist, Klebstoff, Farbe, Gummi und Enden von Draht zaubern diese Handwerkerinnen, die eigentlich Künstlerinnen sind, wahre Wunder an Schönheit und Natürlichkeit. Die Arbeit wird zu Hause, häufiger noch im Atelier getan, und obwohl ein Zwang und manchmal ungesund durch die schlechte Ausstattung der Blumen-Werkstätten, hat sie nichts Unerfreuliches an sich. Die Bezahlung ist dem Talent der Arbeiterin angepaßt. Der Durchschnittslohn in Paris beträgt vier Francs den Tag, aber manche Arbeiterinnen kommen nicht über drei Francs hinaus, während wieder andere bis zu acht Francs in der Saison verdienen. Eine Goldmine ist das Metier der Fleuristinnen nicht, da sie mit dem Wechsel der Mode und mit zeitweiliger Arbeitslosigkeit rechnen müssen. Die Saison für die Fabrikation der Blumen beginnt in Paris im November und endet im Mai, für den Rest des Jahres genügt den Unternehmern ein kleiner Stamm von Arbeiterinnen, um die sehr verringerte Produktion aufrechtzuhalten. Die anderen, die nicht tüchtig genug sind, um ein zweites Handwerk zu erlernen, haben dann fünf lange Monate der Arbeitslosigkeit vor sich, in denen die mageren Ersparnisse schnell aufgezehrt werden ...“

Diese finanzielle Unsicherheit durch die Mode veranlaßte viele Unternehmen, eine zweigleisige Produktion aufzunehmen, vor allem die Verarbeitung von Federn. So ist die Spezifikation *Fleurs et Plumes* heute noch unter den Firmennamen alter Häuser zu lesen.

Die Blumenindustrie im Paris des 19. Jahrhunderts war vor allem im Quartier St. Denis zu Hause, jener Vorstadt im Norden, von der Ausländer meistens nur die berühmte Basilika kennen, in der die französischen Könige aus zwölf Jahrhunderten bestattet sind. Weit mehr wird der Charakter dieser Vorstadt von der Industrie bestimmt. Hier, in einer Unzahl von kleinen Fabriken und in den engen Wohnungen der Zwischenmeisterinnen, entstand der künstliche Blumenschmuck. Gearbeitet wurde täglich – außer Sonntag – bis zu zwölf Stunden und in der Saison noch länger. Eine Statistik über die Arbeitszeiten von 1913 vermerkt, daß 8 % der Pariser und 12 % der Lyoner Blumenarbeiterinnen dreizehn und vierzehn Stunden arbeiteten und 2 % sogar bis zu achtzehn Stunden.
Die Blumenmädchen hatten es in dieser Hinsicht nicht schlechter als die Näherinnen, Stickerinnen und Modistinnen, auch für sie galt ein Zwölfstundentag mit Überstunden in der Saison. In der Mittagszeit konnte man die Mädchen scharenweise auf den Straßen treffen, wo sie sich, untergehakt und schwatzend, die Beine vertraten und etwas für ihr Mittagessen einkauften. Der Refrain eines besonders beliebten Liedes unter den Modearbeiterinnen – denn in allen Ateliers wurde zur Unterhaltung und Aufmunterung viel gesungen – schildert recht gut das magere Menü:

Hört ihr das Mittagläuten?
Es ist Zeit zum Déjeuner!
Die Pommes frites sieden schon,
und der Brie läuft im Laden.
Geht euren Schnabel voll
in Empfang zu nehmen
und euren Schluck Wein
am Brunnen zu trinken!

Die duftige Produktion der langen Arbeitstage wurde dann sortiert und in große, flache Kästen gelegt, diese zu Türmen übereinandergeschachtelt und verschnürt, so hoch, wie ein Mann es wagte, sie auf den Rücken zu nehmen. Manchmal bis zu vierzehn, sechzehn Schachteln hoch. So wurden die Blumen zu den Kunden und Kommissionären transportiert. Meistens waren es größere Jungen, die diesen Job ausübten, und die Kartontürme zu Fuß, mit zweirädrigen Karren, später auch mit dem Fahrrad quer durch die Stadt balancierten. In diesen Schachteln verschickte man auch die Blumen und lagerte sie auf Vorrat in den Magazinen der Fabriken und Läden – so wie es auch heute noch üblich ist.

Neben den kleinen Läden der Putz- und Kurzwarenhändlerinnen waren die Modeblumen auch in prächtigerer Umgebung zu finden. Die großen *Compagnies florales* unterhielten ihre eigenen Verkaufssalons, ausgestattet mit eleganter Möblierung, Kronleuchtern und Glasvitrinen. Wer in Paris den Boulevard Haussmann entlangschlendert, kann in Numéro 73 bei Trousselier so einen alten Blumensalon bewundern, denn das Geschäft mit seinen Ateliers besteht seit hundert Jahren und ist nach wie vor in Familienbesitz.

Als in der zweiten Hälfte des 19. Jahrhunderts die großen Kaufhäuser in den Metropolen entstanden, diese neuen verführerischen Paläste des Konsums, reservierten sie eigene Abteilungen für die begehrte Stoff-Flora. Emile Zola hat das in seinem Roman *Paradies der Damen* beschrieben:

„... Die Damen ... befanden sich vor dem neuen Rayon für Blumen und Federn, den man in der Hauptgalerie zwischen der Abteilung für Seide und der für Handschuhe eingerichtet hatte. Im hellen Licht des Glasdaches entfaltete sich hier ein ungeheures Blühen, eine weiße Garbe, hoch und breit wie eine Eiche. Ansteckstäußchen schmückten den Grund, Veilchen, Maiglöckchen, Hyazinthen, Margeriten, alle zarten Töne der Rabatten. Ferner wuchsen in Büscheln Rosen auf, deren Weiß ein Anflug von Fleischfarbe milderte, große weiße, von Karmin kaum getönte Pfingstrosen, leichte Raketen weißer Chrysanthemen mit gelben Sternen. Und immer höher wuchsen die Blumen, große geheimnisvolle Lilien, Frühlingszweige des Apfelbaumes, ganze Bündel balsamisch duftenden Flieders, ein nicht endendes Erblühen ...“

Die kleinen Blumenarbeiterinnen des 18. und frühen 19. Jahrhunderts hatten ermüdend lange

Salons de la compagnie florale

1860

Abb. 9: Abbildung einer Fabrik für künstliche Blumen in Rueil bei Paris, darunter der elegant eingerichtete Verkaufssalon. Um 1860.

Arbeitstage und oft miserable Arbeitsbedingungen, aber sie waren nicht von ihrer Umwelt abgeschlossen, hatten Teil an dem, was draußen vorging, bekamen die Kunden zu Gesicht, die Laufburschen, die Lieferanten. Doch je mehr ihr Metier kommerzialisiert und rationalisiert wurde, die Städte wuchsen und die Industrien an den Stadtrand rückten, desto abgeschlossener wurde ihr Arbeitsleben.

In den fünfziger Jahren unseres Jahrhunderts beschrieb eine französische Schriftstellerin den Besuch bei einer alten Pariser Blumen-Firma, dem Haus Judith Barbier. Es war 1845 eröffnet worden und hat rund einhundertdreißig Jahre existiert. Sie schildert die düsteren, altersgrauen Ateliers, an deren langen Tischen den ganzen Tag über bei elektrischem Licht gearbeitet wurde, den überall spürbaren Geruch nach Kleister und Appretur, die einförmigen Bewegungen bei den Arbeitsgängen, immer die gleichen von früh bis spät wiederholt, hier für Rosen, dort für Mimosen. Sie beschreibt die Männer, die vorsichtig mit dem Pinsel die Blütenblätter besonders delikater Blumen schattieren, den Regalraum mit den Hunderten von Stanzeisen und den Verkaufssalon mit seiner Möblierung aus dem letzten Jahrhundert und seiner Operetten-Atmosphäre.

Diese Beobachtungen kann man heute noch machen, wenn man einen Blick in die Verkaufsräume und die Hinterhof-Ateliers der wenigen verbliebenen Firmen mit der alten Fleuristentradition wirft.

Obgleich Frankreich während des letzten Jahrhunderts führend in der Produktion und im Export von Kunstblumen war, so bedeutete es nicht, daß andere Länder keine herstellten. In Italien, den österreichischen Kronländern, in England und in den deutschen Staaten wurde ebenfalls *geblümelt* – wie es in deutscher Mundart hieß – und selbst in Amerika, wo die Industrie der Kunstblumen um die Mitte des Jahrhunderts von eingewanderten Italienern und Franzosen in Gang gesetzt wurde, blümelten allein in New York an die 10000 Personen.

In Deutschland besaßen Orte, wie Berlin, Hamburg, München, Leipzig, Dresden, Weimar recht leistungsfähige Betriebe, nicht zuletzt deshalb, weil sie von den Landesherren unterstützt wurden, die gerne die Einfuhr der französischen Mode- und Luxuswaren eindämmen wollten.

In München war es eine Frau, korrekter: ein Fräulein namens Antonie von Heckel, das 1854 eine Belegschaft von 136 Personen durch ihr Vorbild an Handfertigkeit und Kunstbegabung in Schwung hielt. Die Firma existierte bis über den Ersten Weltkrieg hinaus.
Gegen Ende des Jahrhunderts blieben jedoch nur zwei Zentren für die deutsche Kunstblumenherstellung von besonderer Bedeutung: Berlin und Sebnitz. Berlin besaß schon sehr früh eine bedeutende Konfektionsindustrie, war seit 1871 Hauptstadt des Deutschen Kaiserreiches, und bot deshalb gute Voraussetzungen für alles, was mit Mode und Kunst zusammenhing. Dazu kam das starke französische Erbteil der Berliner durch die hugenottischen Emigranten und damit auch der Sinn und die Begabung für die hübschen Dinge des Lebens.
Um 1900 zählte man in Berlin etwa 3000 Blumenarbeiter. Die meisten arbeiteten in Fabriken, denn da die Berliner Blumen für eine „... sorgfältige und geschmackvolle Ausführung ...“ bekannt waren, war eine ständige Kontrolle bei der Herstellung notwendig. Die tüchtigen Berliner Fabrikanten brachten es bald fertig, ihre Ware billiger als die Pariser zu liefern, und so gewannen ihre Angebote mehr und mehr an Bedeutung.
Diese Entwicklung beeinflußte auch der Deutsch-Französische Krieg von 1870/71, der eine Zeitlang die französischen Importe stoppte, nicht aber die Wünsche der Frauen nach neuen entzückenden Blumenhüten und anmutig garnierten Ballkleidern. So hatten sich die Einkäufer nach anderen Kunstblumenzentren umgesehen und mit deutschen Firmen Lieferungen abgeschlossen, bei denen sie zwar noch keine modischen Spitzenprodukte, aber eine „wohlfeile Mittelware“ vorfanden. Dann spornte der Auftrags-Boom auch die modische Aktualität an.
Sebnitz, die kleine sächsische Stadt östlich von Dresden war die zweite Adresse für die Kunstblumenproduktion. 1830 hatte sie gegen 3000 Einwohner, 1967 um 15000. Ihre besondere Lage an der heutigen tschechoslowakischen, damals böhmischen Grenze begründete ihre zu Weltruhm kommende Industrie.
Im Nachbarland Böhmen, das zur habsburgischen Donaumonarchie gehörte, war seit langem eine volkstümliche Blumenkunst Tradition gewesen. Mit ihren bunten bäuerlichen Erzeugnissen

wurden Feste und Volkstrachten, Kirchen und Grabkreuze geschmückt. Man machte sie aus Papier, gefärbten Hobelspänen und leichten Stoffen, die man aus der nachbarlichen sächsischen Leinenweberei bezog. In Familienbetrieben wurden die Kränze, Sträuße und Girlanden gefertigt, und die Männer unternahmen es, mit den Erzeugnissen im Tragkorb auf dem Rücken im Land hausieren zu gehen.

Zuerst nur in Böhmen, dann im nahen Sachsen, später sogar auf den großen deutschen Messen. Das Geschäft florierte, bis Sachsen 1835 dem Deutschen Zollverein beitrat. Da die österreichischen Kronländer ihm nicht angehörten, wurde ein gewichtiger Zoll auf von dort eingeführte Waren gelegt, so auch auf die böhmischen Blumen. Die einfallsreichen Blumenmacher fanden einen Ausweg, in dem sie sich jenseits der Grenze bei Sebnitzer Hausbesitzern einmieteten und dort ihre Ware für die Zollvereins-Staaten produzierten. Als Arbeiter brachten sie entweder ihre Familienangehörigen herüber oder bemühten sich, sächsische Mädchen anzulernen. Es muß leider gesagt werden, daß die alteingesessenen Sebnitzer für die „Gastarbeiter" wenig Sympathien übrig hatten, und manch böses Wort fiel über die „Böhmischen Blumenmenscher", die sie noch dazu einer leichten Moral beschuldigten. Nicht ganz ohne Grund, denn die Entlohnung der blümelnden Mädchen war so schlecht, daß „... viele Dienerinnen der lieblichen Flora gelegentlich auch der Göttin Venus ein Opfer brachten ...", um ihre Finanzen ein wenig aufzubessern. Die braven Sebnitzer Familienväter ließen auf keinen Fall ihre Töchter dieses frivole Handwerk lernen. Sie waren Leineweber und stolz darauf. Doch der immer stärkere Import englischer Baumwollwaren wurde allmählich zu einer so drückenden Konkurrenz, daß Arbeitslosigkeit und Elend in ihre Häuser einzogen. So begannen erst einige Familien und dann immer mehr die nutzlos gewordenen Webstühle mit Stanzeisen, Leimtopf und Draht der Blumenmacher zu vertauschen.

1875 waren erst 5 Blumen herstellende Firmen in das Handelsregister eingetragen, 1900 waren es 45, 1915 fast die doppelte Anzahl und 1923 zählte Sebnitz 141 Betriebe.

Abb. 10: Edgar Degas malte 1885 die kleine Pariser Modistin zwischen ihren mit Seidenblumen und Bändern garnierten Hüten. Das Gemälde, heute in Chicago, trägt den Titel „The Millinery Shop".

Die Sebnitzer waren voll in das Blumengeschäft eingestiegen! Hatten sie sich anfangs noch an die böhmische Tradition volkstümlicher Artikel gehalten, so wandelte sich das allmählich zu einer modischen Produktion, die gewissenhaft in umfangreichen Katalogen aufgeführt und von Saison zu Saison neu variiert wurde. Ebenso wandelten sich die Herstellungsmethoden. Aus den gemütlichen ‚Blumenstuben' in Privathäusern, denen die Hausfrau vorstand und in denen die Arbeiterinnen auch freie Kost und Logis erhielten, entwickelten sich aus den leistungsfähigsten kleine Fabrikbetriebe, während die weniger tüchtigen Hersteller weiterhin ihr Brot in der Heimarbeit suchten.

Anfang des 20. Jahrhunderts war das Grenzstädtchen zu einem gefürchteten Konkurrenten der französischen Blumenindustrie geworden, schon weil dort billiger produziert werden konnte. Französische Unternehmer fanden einen Ausweg, indem sie ihre Einzelblumen aus der sächsischen Herstellung bezogen, um sie, nach Pariser Geschmack arrangiert, als *Made in Paris* wieder in die Welt zurückzuschicken.

Der Erste Weltkrieg unterbrach den Sebnitzer Blumen-Boom, setzte danach aber wieder ein. Bevor die Weltwirtschaftskrise von 1928 international den Handel lähmte, erreichte allein die Ausfuhr an deutschen Textilblumen den Wert von 14 Mill. Reichsmark und, wie Bruno Schier in seinem Werk über die künstlichen Blumen so anschaulich bemerkt, „... schon diese Beträge allein ermöglichten es dem damaligen Deutschen Reich, die Hälfte seiner Einfuhr an Apfelsinen zu bezahlen ..." Die Amerikaner waren unter den Abnehmern die besten Kunden.

Von da an ging's bergab. Nur die Papierblumen erreichten noch beträchtliche Exportsummen. Heute gehören Sebnitz wie Sachsen zur Deutschen Demokratischen Republik, und schon aus Exportgründen wird produktiv weiter geblümelt. Vor allem Dekorationsblumen und Einzelblüten für Modegestecke werden in die westlichen Länder ausgeführt. Die *VEB-Kunstblume* ist noch immer der größte Betrieb seiner Art in Europa, er beschäftigte 1970 etwa 3000 Personen, und noch immer gehören die Mädchen und Frauen mit den großen Blumenkartons zum Bild dieser Stadt im Lausitzer Bergland.

Chez le commissionnaire.

Abb. 11: Die fertigen Blumen wurden von den Herstellern zu den Großhändlern gebracht, dort geprüft, ausgezeichnet und für die Kundenlieferungen zusammengestellt. Die Illustration entstand Anfang des 20. Jhs.

Sebnitzer Tradition und Kenntnisse sind heute auch in der Bundesrepublik Deutschland zu finden, denn nicht wenige Fachleute wechselten nach dem letzten Krieg in den Westen über. Sie bauten neue Betriebe auf, nur haben sie sich nicht mehr in einem Blumenzentrum zusammengefunden, sondern sind hier und da verstreut, meistens in ländlichen Gegenden, wo die Chancen, Heimarbeiter zu finden, größer sind. Der Wert bundesrepublikanischer Textilblumen in den Jahren 1978 und 1979 betrug rund 23 Mill. DM.
Doch die Seidenblumen, die sich heute in Boutiquen, in Kauf- und Einrichtungshäusern zu duftig bunten Rabatten drängen, sind längst nicht mehr allein die Produkte europäischer Finger. Der weitaus größere Teil wird aus dem Fernen Osten importiert, aus Hongkong, Taiwan, der VR China, aus Südkorea und Thailand. Alles Länder, wo die Löhne noch niedrig, geschickte Hände noch reichlich zu finden und deshalb handgearbeitete Waren noch erschwinglich sind.
1979 erreichte der Import fernöstlicher Textilblumen in die BRD fast 35 Mill. DM, dazu kamen noch Fertigwaren aus künstlichen Blumen, also komplette Arrangements, für 10,7 Mill. DM und eine beträchtliche Einfuhr von Plastik- und Papierblumen.
Großhändler und Importeure kundschaften die Einkaufsmöglichkeiten im Fernen Osten aus, besprechen die europäischen Geschmacks- und Farbwünsche an Ort und Stelle, lassen dann zu Haus bilderbuchschöne Kataloge mit ihrem Angebot drucken, in die auch westliche Blüten eingefügt sein können. Diese *Blumenbücher* werden an die Interessenten verschickt oder Vertreter legen sie mitsamt Mustern den Kunden vor, die dann Einzelblüten oder fertige Arrangements bestellen können – täuschend natürlich, als hätte ein teurer Blumenladen sie geliefert, oder wie Goethe es nannte: „... wie Natur sich nie entfaltet ...“

Abb 12: Als praktische Verpackungsart setzten sich große, flache Kartons durch. Diese konnten übereinandergeschichtet und auf Karren oder auf dem Rücken von Trägern transportiert werden.

Wie Seidenblumen entstehen

Für alle, welche das Blumenmachen...
zu einem Erwerbsmittel wählen,
wie auch für solche, die es nur als Liebhaberei
und Beschäftigungsmittel treiben wollen.

Adèle Lénard, Fabrikvorsteherin

Widmung in dem 1881 erschienenen Anleitungsbuch für künstliche Blumen

Seitdem Denis Diderot eine Werkstatt der Fleuristes und alle ihre Werkzeuge für seine Encyclopédie zeichnen ließ, hat sich wenig in der Einzelherstellung der traditionellen Seidenblumen geändert. Anders bei den serienmäßigen Textilblumen; ihre Fabrikation nutzt alle Möglichkeiten moderner Technik und Materialien aus.

Doch ob im alten oder im neuen Stil gearbeitet, ihre Realisation beginnt mit dem Stoff. Das muß nicht immer Seide sein, die einst von den Nonnen als das beste und den Naturblumen ähnlichste Material bevorzugt wurde. Als sich im 18. Jahrhundert in Europa eine leistungsfähige Baumwollindustrie entwickelte, lieferte auch sie die feinen Blumenstoffe. Adèle Lénards Fachbuch von 1881 zählt als geeignete Materialien Perkal, Organdi, Cambric, Jakonet, Linon, Batist und Musseline aus Baumwolle auf, dazu die Seidenstoffe Taft, Atlas, Samt, Krepp und Gaze. Einige der altmodischen Stoffe werden heute durch die neuen Synthetics ersetzt.

Blumenkünstlern bei der Entstehung ihrer zarten Schöpfungen zuzusehen, ist ein ästhetischer Genuß, so sicher und geschickt arbeiten die Finger, und anscheinend mühelos entstehen Blüten und Stengel. Auf einem alten schleswig-holsteinischen Gut, das sein Besitzer, der Hamburger Kunstblumenfabrikant Ingo Roggartz das *Blumenschloß* taufte, weil er dort seine Trockenblumen sowohl anbaut als verarbeitet und auch Bindekurse für Kunstblumen abhält, sind ab und zu

Abb. 13: Klematis-Ranken der japanischen Blumenkünstlerin Miyuki Iida, die sie in einem Zierkörbchen anordnete.

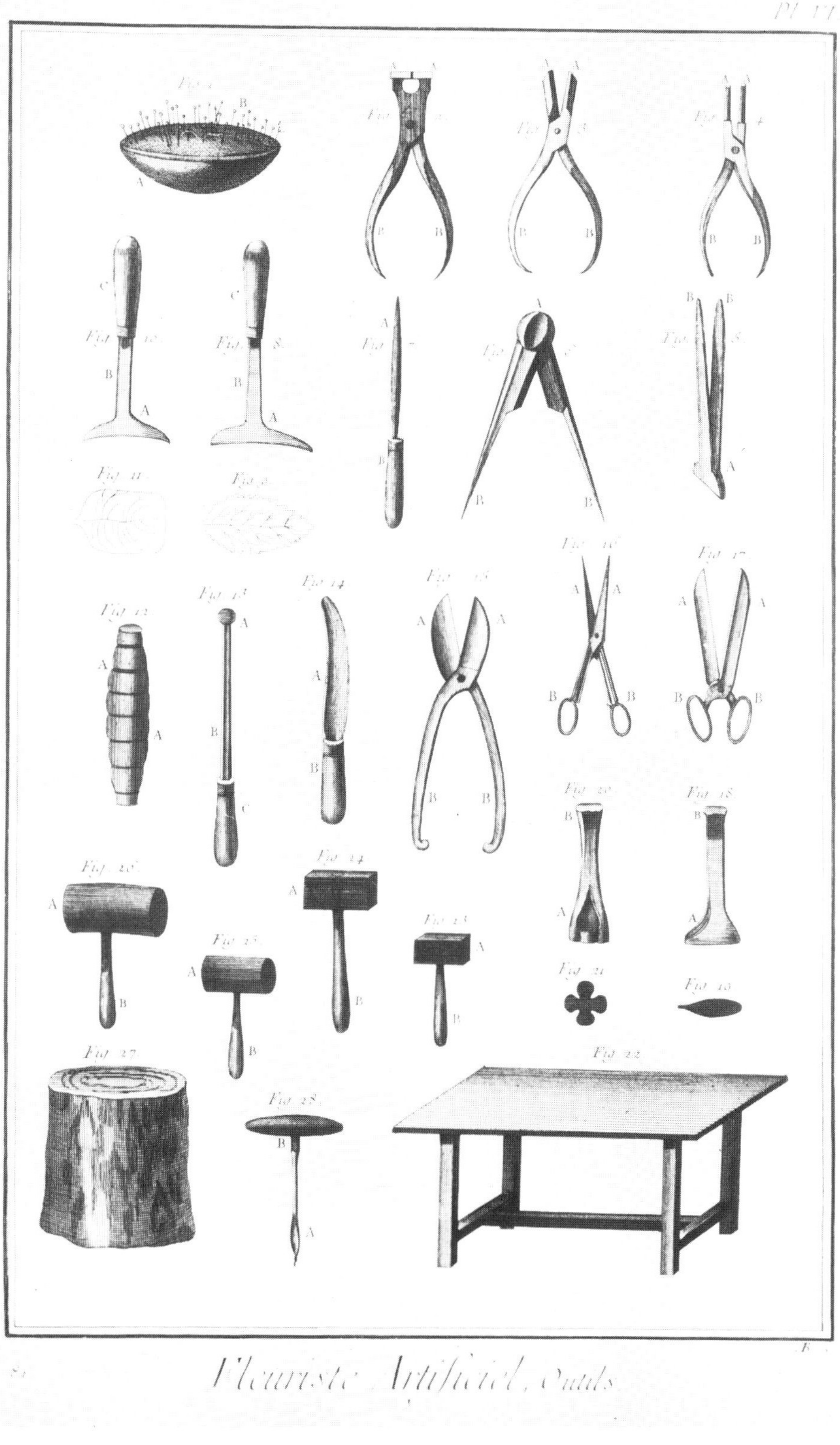

Abb. 14 und 15: In der Enzyklopädie von Diderot sind auch alle für das Blumenmachen verwendeten Werkzeuge abgebildet. Planche VI: 1. Halter für Staubgefäße. 2. 3. 4. Verschiedene Drahtzangen. 5. 6. 7. Pinzette, Zirkel und Ahle. 8. 10. Präge-Eisen für Blätter. 13. Boule-Eisen zum Formen der Blüten. 15. 16. 17. Verschiedene Scheren. 18. 20. Stanzeisen für Blütenformen. 23–26. Holzhämmer für die Stanzeisen. 27. Prägeblock. Planche VII: 1–3. Formeisen. 4. 10. 17. 18. 21.

Verschiedene Gefäße für Leim und Farben. 5. Kessel zum Kochen von Farbe oder Leim. 6. Meßstab. 8. Spul-Vorrichtung. 9. Prägestanze für Blätter. 11. Doppelpinsel. 12. Spezialstab zum Auf- und Abhängen der Stoffe (siehe Abb. 4) 13. Meßtischchen. 14. Stövchen zum Erwärmen der Eisen. 15. 16. Spule und Spulenhalter. 19. Rad-Konstruktion, um Draht mit Stoff oder Papier zu umwickeln. 20. Arbeitsstuhl mit durchbohrter Querstrebe, um den Draht zu befestigen (siehe Abb. 4).

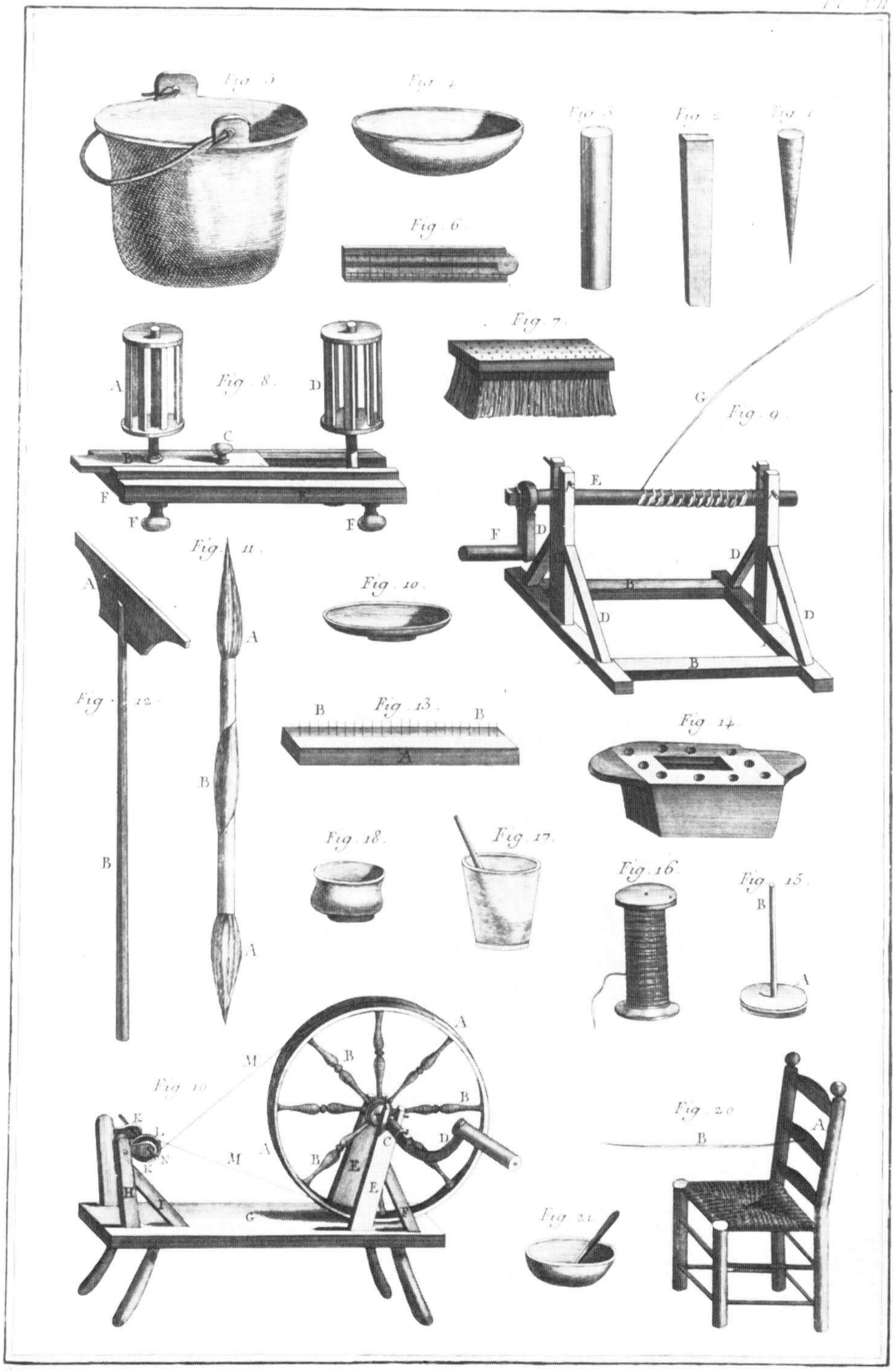

Fleuriste Artificiel Outils

zwei Japanerinnen zu Gast. Miyuki Iida und ihre Tochter Tomoko sind Meisterinnen in der Kunst der handgemachten Blumen und unterrichten auch darin.

Blumenmachen als private Liebhaberei, in Europa lange Jahre vergessen, ist von den Frauen des Fernen Ostens weitergepflegt worden, und Miyuki Iida hat aus dem Hobby ihrer Jugend, da sie als Diplomatenfrau mit ihren selbstgefertigten Ansteckblumen auf den Empfängen auffiel, eine Lebensaufgabe gemacht. In Hunderten von *Blumenschulen* wird in ihrem Heimatland nach ihren Anleitungen unterrichtet, und sie gab viele Fachbücher heraus.

Als die britische Königin Elizabeth 1975 einen Staatsbesuch in Japan machte, bewunderte sie in ihrem Gäste-Appartement einen großen Feldblumenstrauß – er war von Frau Iida entworfen. Eine Lehrstunde bei den *Artistes en fleurs* aus Nippon gleicht fast einer kultischen Handlung. Andächtige Stille herrscht in dem großen hellen Gutszimmer mit dem Blick auf die alten Parkbäume, nur unterbrochen von den leisen Erklärungen, die ein Dolmetscher ebenso gedämpft übersetzt.

Der Ablauf der Arbeitsphasen ist von internationaler Gültigkeit. Als erstes werden aus dem blumenpassenden Stoff und mit Hilfe von Schnittmustern oder Schablonen die Blüten- und Laubformen ausgeschnitten, danach beginnt das Colorieren mit dem Pinsel. Früher geschah das mit Pflanzenfarben, heute sind es Anilin-Produkte, doch das gekonnte Mischen aus den Grundfarben gehört noch immer zum schwierigsten und individuellsten Part der Blumenherstellung und wird auch oft von den Serienherstellern selbst vorgenommen. Miyuki Iida nennt das subtile Mischen der Farben „mit den Augen abschmecken“. Selbst Blattgrün ist für sie nicht ein simples Zusammenrühren von Blau und Gelb, sondern bekommt, je nach der Pflanze, andere Farbtupfer zugemischt und als raffinierte Abrundung einen Hauch der Blütenfarbe.

Ist das geschehen, haben Blüten und Laub zwar Farbe und Kontur, aber noch keine Form, kein natürliches Relief. So beginnt die Fleuristin nach dem Trocknen mit dem Boule-Eisen zu hantieren, verschieden großen Kugeleisen mit Handgriff, die erhitzt werden. Auf einer dicken weichen Unterlage bügelt sie die naturgerechte Wölbung ein, zugleich mit Fingern, Messern, Ahle oder

Abb. 16: Regal mit den verschiedenen Stanzeisen für Blüten- und Blattformen einer Berliner Kunstblumen-Fabrik. Alte Firmen können hunderte von Formen besitzen.

Stäbchen die Blütenränder kräuselnd, einrollend oder Äderungen anbringend. Moderne Boule-Eisen, wie sie auch die Iida-Schüler benutzen, ähneln elektrischen Heizstäben mit austauschbaren Aufsätzen.

Das nun folgende Zusammensetzen der Blüten ist eigentlich ein Zusammenkleben. Blatt um Blatt wird um einen feinen Draht angetupft, der an seinem Ende einen zusammengedrehten Wattebausch als Kelchzentrum trägt, das *Pistill*. Bei offenen Blüten darf man natürlich die Staubfäden nicht vergessen. Schließlich werden die Stiele mit dünnen grünen Papierstreifen umwickelt und dabei die vorher auf Stützdrähte geklebten Blätter angefügt. Eine gute Fleuristin hat immer die natürliche Konstruktion der von ihr nachgebildeten Pflanze vor dem inneren Auge – oder ein Modell vor dem sehenden.

Zeit zu sparen, helfen im Spritzgußverfahren vorfabrizierte Staubgefäße und dünne Plastikschläuche vom Meter, *Pielen* genannt, um die Stengel solider und sauberer zu überziehen. Die Blumenarbeiterinnen vergangener Epochen mußten viel mehr Zeit auf ihre Vorbereitungen verwenden. Sie mischten den Leim selbst aus Gummi arabicum und Mehl, schnitten die Papier- und Stoffstreifen für die Stiele selbst zu und pusselten auch die Staubfäden aus Garn und gefärbter Pâte. Allerdings konnten sie schon im letzten Jahrhundert die grünen Blätter in „Packeten" bestellen.

Wenn Einzelblüten und Blattwerk fertig daliegen, beginnt der für den Blumenartisten wohl schöpferischste und zugleich befriedigenste Teil der Arbeit, die Komposition, in die oft auch echte Zweige, Gräser, Trockenblumen oder Maiskolben eingefügt werden. Zum Repertoire von Miyuki und Tomoko Iida gehören große *Naturstücke* nach der Tradition ihrer Heimat, die noch echter durch von Miyuki Iida gemalte Hintergründe wirken. Rosen- und Rhododendronbüsche, Irisfelder und Sonnenblumen brachte sie 1979 für eine Ausstellung nach Monte Carlo mit, zu der die Fürstin Gracia von Monaco die damals 75jährige Künstlerin eingeladen hatte.

Die liebevolle und zeitaufwendige Herstellung der individuellen Seidenblumen ist für die kommerzielle Fertigung nicht möglich, und so sind seit langem einzelne Arbeitsgänge rationalisiert

Abb. 17: Blumenherstellung um 1900. Das Ausschlagen der Blumenteile von Hand wurde meistens Männern überlassen, da es Kraft erforderte.

worden. Statt der Schere treten seit dem 18. Jahrhundert die Ausschlag- oder Stanz-Eisen in Aktion. Es sind scharfkantige Metallformen, die bei speziellen Eisenmachern bestellt werden. Große oder alte Firmen besitzen oft Hunderte in allen Blumen-Variationen und hüten sie sorgfältig, auch vor der Konkurrenz. Mit diesen Eisen, auf den bis zu 40 Lagen geschichteten Stoff gesetzt, kann mit einem Schlag eine Vielzahl von *Sternen, Lames* oder *Blättern* – wie die Einzelteile in der Fachsprache heißen – ausgestanzt werden. Das war früher Männerarbeit, denn der Schlag mit dem Holz- oder Gummihammer auf die Eisen verlangte Muskelkraft, heute besorgen das hydraulische Pressen. Das Färben wird ebenfalls paketweise nach einem besonderen Verfahren vorgenommen, oder der Stoff schon vor dem Ausstanzen im Stück coloriert.
Schneller als mit den Boule-Eisen, wenn auch mit weniger künstlerischem Effekt, kann das Formen der Blütenblätter oder die Äderung des Laubes durch erhitzte Präge-Schablonen geschehen. Zu jedem Stanzeisen gehört ein passendes Prägeeisen. Werden außerdem Synthetic-Stoffe verwendet und bei hoher Temperatur gepreßt, rühmen die Hersteller noch die größere Formbeständigkeit und Farbechtheit der Blüten. Selbst eine versehentliche Dusche mit der Gießkanne tut ihnen dann nichts. Der größte Unterschied zu den handgemachten Textilblumen aber besteht in der Herstellung der Stiele, Knospen und Blattansätze. Sie werden aus flüssigem Kunststoff und schon mit den notwendigen Drahteinlagen versehen im Spritzgußverfahren unter hohem Druck fix und fertig gepreßt, so daß die Arbeiterinnen später wie bei einem Puzzle die Stoffblüten und Stoffblätter damit zusammenstecken können.
Viel Handarbeit ist nach wie vor notwendig. Jeder Blumenmacher hat seine eigenen Variationen und Techniken entwickelt, kombiniert alte und neue Verfahren, wie auch die fertigen Seidenblumen-Gestecke oft eine harmonische Verbindung zwischen traditioneller und moderner Blumenkunst eingehen.

Abb. 18: Rosenblätter werden mit dem Pinsel Stück für Stück eingefärbt, um besonders natürlich wirkende Schattierungen zu erreichen.
Abb. 19: Blumenarbeiterinnen beim Montieren der Blütenstengel. Im Hintergrund die großen Schachteln, in denen die Blumen aufbewahrt und transportiert wurden.

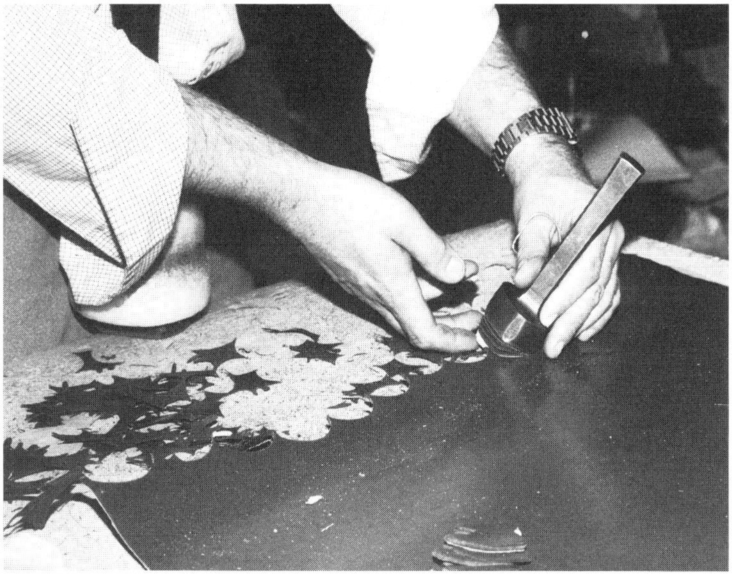
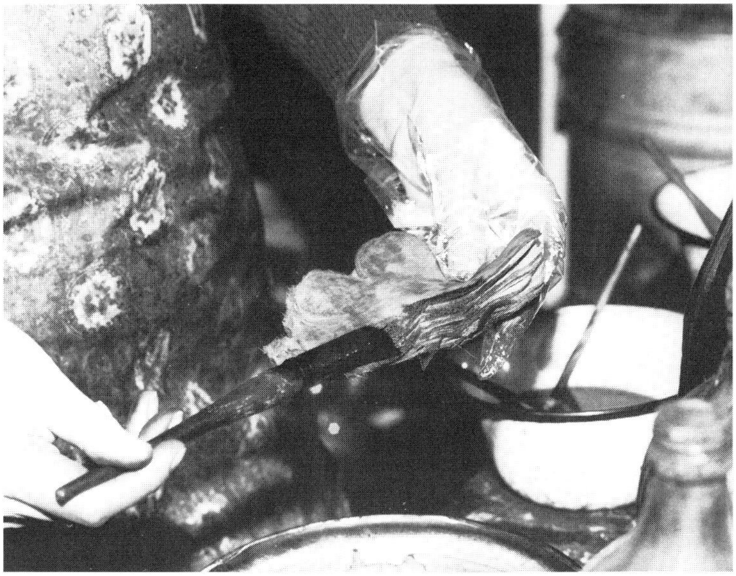
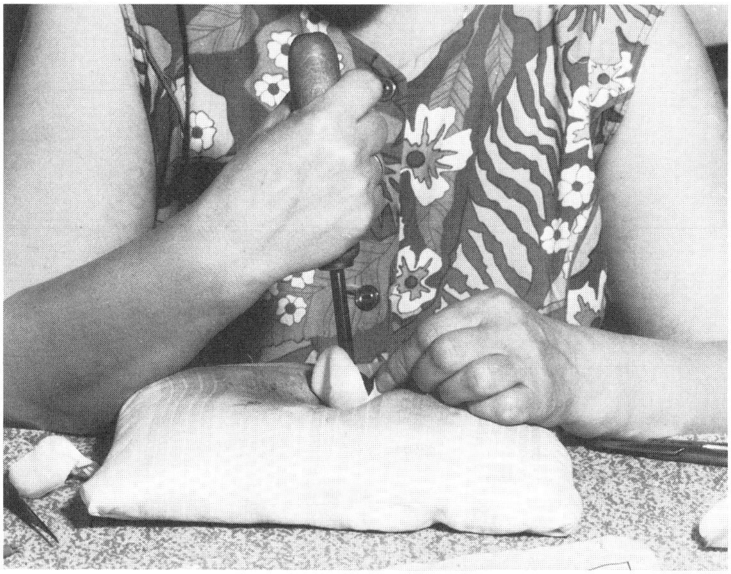

Abb. 20–23: Noch immer werden hochwertige Seidenblumen nach der alten Arbeitstradition hergestellt.
Abb. 20: Ausstanzen der Konturen.
Abb. 21: In Paketen werden die Blütenblätter mit dem Pinsel eingefärbt.
Abb. 22: Fassonieren der Rosenblätter mit dem erhitzten Boule-Eisen auf dem Arbeitskissen.
Abb. 23: Preiswertere Blüten erhalten in Prägepressen ihre Form.

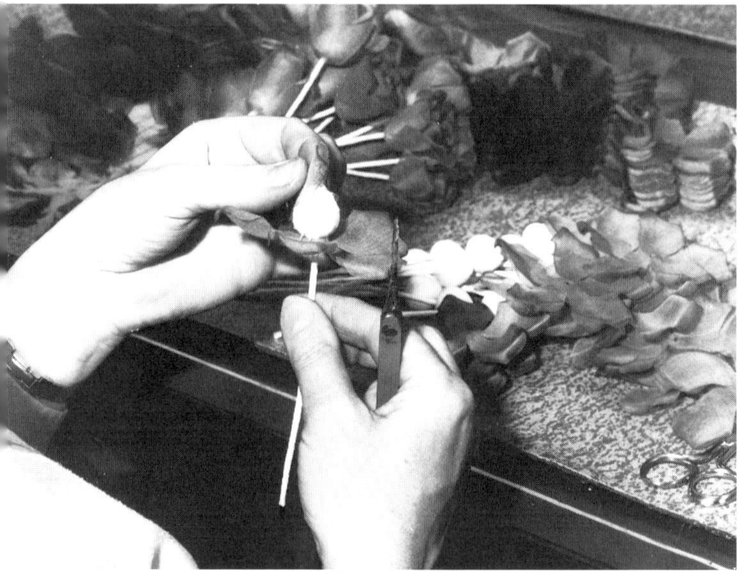

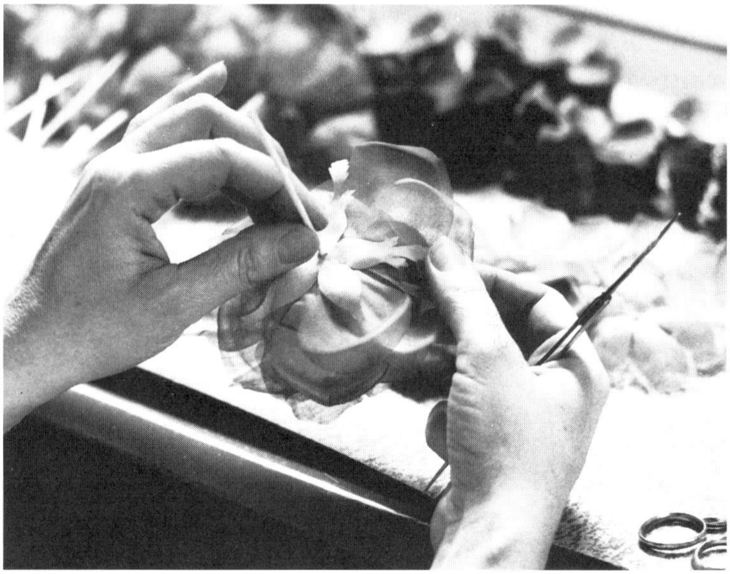

Abb. 24: Zusammensetzen der Rose. Um einen Wattebausch, auf das Ende eines Drahtes gedreht, werden die einzelnen Blütenblätter festgeklebt.
Abb. 25: Als Stütze bekommen die Blätter auf der Rückseite ein Stück Draht aufgeklebt.
Abb. 26: Die Rose ist fertig montiert.
Abb. 27: Jetzt werden noch die grünen Kelch- und Stielblätter angefügt und der Drahtstiel mit Papierstreifen umwickelt. Berliner Blumenfabrikation von Gerald Steyer.

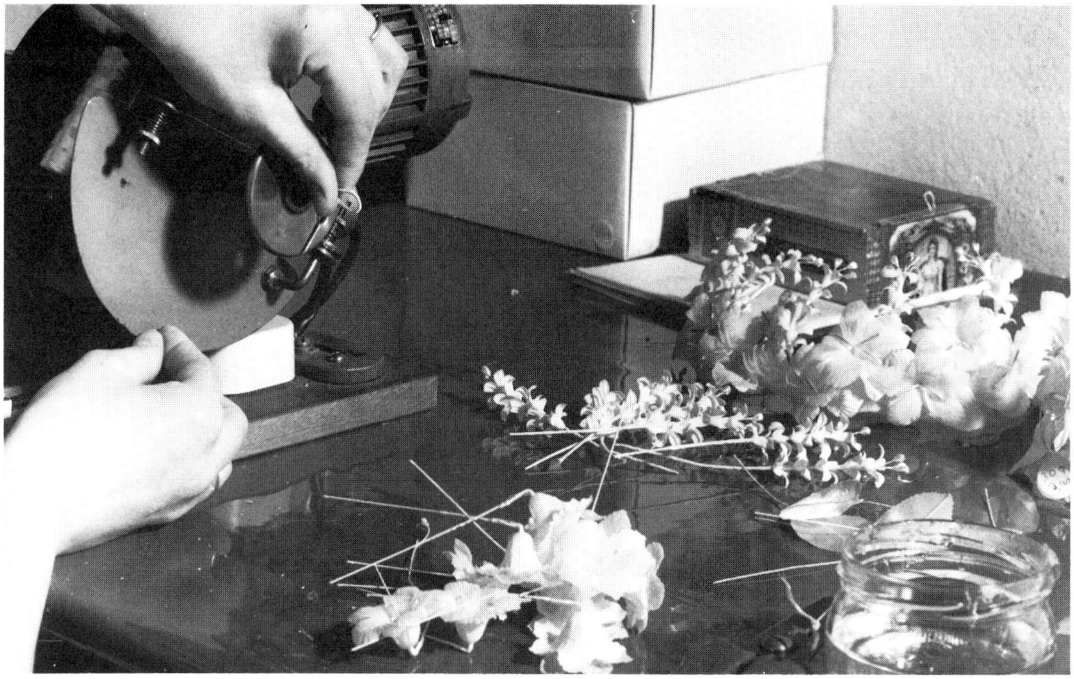

Abb. 28–31: Entstehung eines Brautkrönchens aus weißen Stoffblüten und Ranken im Atelier von A. Faulhaber, Berlin 1979.

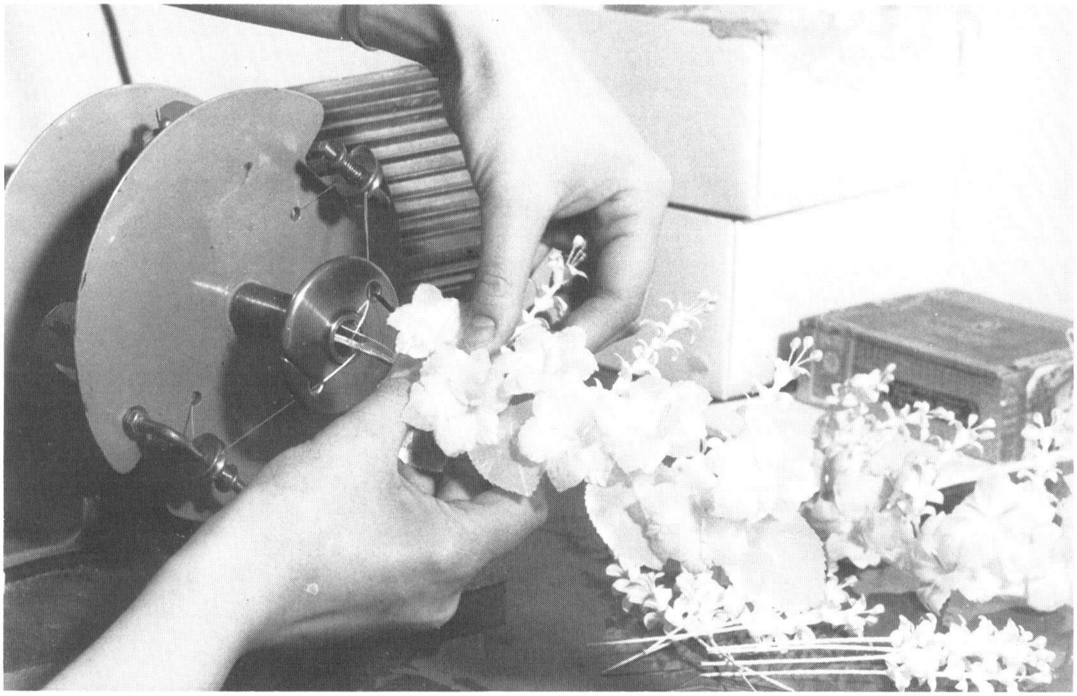

Geschicklichkeit und Geschmack sind Vorbedingung für das Montieren, auch wenn moderne Maschinen bei der Arbeit helfen.

Modeblumen – Geschöpfe spielender Phantasie

Mögen bunte Phantasien
Für des Tages Mode blühen
Wunderseltsam sein gestaltet
Wie Natur sich nie entfaltet

Goethe: „Rosenknospen"

Die Mode, sich mit Blumen zu schmücken, ist sicher so alt wie der Schönheitssinn der Menschen und begann lange bevor Kränze aus Blüten und Laubwerk bei den Festen und Gastmählern der Antike getragen wurden. Für Frauen wie für Männer waren sie die dekorative Krönung ihrer Kleidung, und diese Mode fand im Mittelalter ihre Fortsetzung. In der lebensfrohen Zeit der Troubadoure ersetzten kunstvoll gebundene Kränze den höfischen Frauen die Hüte. Wie üppig und ausladend sie manchmal gewesen sein müssen, verrät ein Lied Walthers von der Vogelweide, den sie anscheinend gestört haben: „Meine Damen, habt die Güte und rückt die Hüte ein wenig aus der Stirn. Ach, erblickte ich sie doch unter dem Kranze", könnte sein Text in Hochdeutsch lauten.

Blumenkränze schienen auch jungen Männern ein besonders attraktiver Schmuck, wenn sie auf Freiersfüßen gingen. „Wer um das Gretlein freien reit / ein Kranz mit Lan umbwunden / muß er han" steht in einem Volkslied von 1533, wobei *Lan* den dünnen Draht der Kranzlbinderinnen bezeichnet. Ob nun diese Kränze im Gärtlein gepflückt oder kunstvoll nachgeahmt waren, bleibt ein Ratespiel.

Die strenge spanische Mode und später die auf Pracht und Pomp bedachte Barockkleidung hatten keine Verwendung für den leichten, bunten Schmuck, diese Zeit liebte Kunstblumen nur als Fest- und Kirchendekoration oder auch als Tafelzierde. Wenn auf Barockbildern ein ländlicher Hut oder ein schwellender Busen mit Blumen geschmückt ist, wenn Rubens seine zweite Frau

Abb. 32: Bildnis eines Bräutigams des 16. Jhs. Zum Festgewand gehört ein Kranz aus kleinen rosa Blüten. Ob im Garten gepflückt oder kunstvoll nachgeahmt, bleibt ein Ratespiel. Mitteldeutscher Meister 1535.

51

Helene im Hochzeitskleid mit einem blühenden Orangenzweiglein im Haar malt oder Rembrandt seine Flora mit Laub und Blumen auf dem Barett, dann sind es Dekorationen des Augenblicks, gepflückt, angesteckt und weggeworfen. Allerdings verstand man es, die empfindliche Pracht mit Hilfe von Seesalz, Wein oder Wachs lange frisch zu halten oder das Welken durch kleine, im Mieder versteckte Wasserbehälter hinauszuzögern.

Erst das 18. Jahrhundert mit seiner eleganten und raffinierten Mode entdeckte die nachgemachten Blumen als anmutige Accessoires. Die zarten Kinder Floras paßten zu dem Idealbild des graziösen, verführerischen Frauenideals und zur Kleidung aus Seiden, Spitzen und Rüschen.

Frankreich, seit der Regierung des Sonnenkönigs die politische Großmacht Europas, herrschte auch in Fragen des Geschmacks und der Mode. Erschien in Versailles die *Maitresse en titre* in einer mit Rosenranken garnierten Robe, so wurde dieser Einfall bald in Wien und Berlin, in London und Petersburg kopiert.

Anfang des Jahrhunderts hatte man die *Fleurs artificielles* noch sparsam verwendet. Wenige kleine Blüten oder zierliche Ranken schmücken die gepuderten kleinen Köpfe, steckten im Ausschnitt des Mieders oder wurden in die duftigen Halsrüschen mit hineingearbeitet. Das alles verlangte noch nicht die berufliche Fertigkeit eines Coiffeurs oder einer Marchande de Modes, man konnte es noch selbst arrangieren. François Boucher hat die Marquiese de Pompadour, die Maitresse Ludwigs XV., gemalt wie sie an ihrem Toilettentisch sitzt. Vor ihr liegen allerlei Blüten und kleine Zweige. Sie hat sich für Vergißmeinnicht entschieden, in die aschblonde Frisur gesteckt und ist gerade dabei, mit dem Rougepinsel ihrer Schönheit den letzten rosigen Hauch zu geben.

Mit den Jahrzehnten werden die floralen Garnituren immer reicher und aufwendiger. Ganze Rabatten überziehen die Corsagen und umrunden als Festons die Reifröcke. Blumen sind zu phantasievollen Mustern und Stilleben zusammengefügt, umkränzen die hohen Frisuren und nicken von voluminösen Hauben. Selbst Picasso fand diese Mode so malerisch, daß er in seinen frühen Jahren ein Mädchen in einem von Blumengirlanden überspannten Reifrock malte.

Abb. 33: Die blonde Schäferin der Barockzeit von Paulus Moreelse trägt einen Feldblumenstrauß am Strohhut.

53

Zwei durch Lebensumstände und Herkunft ganz verschiedene Frauen, aber beide erfolgreiche Schriftstellerinnen in ihren späteren Jahren, haben die augenblendende Pracht der mit Blumen, Perlen, Bädern und Stickereien überladenen Reifröcke beschrieben. Die eine war die Comtesse de Genlis, Geliebte des Herzogs von Orléans und Blumenkünstlerin aus Liebhaberei, die andere hieß Johanna Schopenhauer, war in Danzig als Kaufmannstochter aufgewachsen und wurde die Mutter des großen Philosophen.

In ihren Erinnerungen mokierte sich Madame Schopenhauer über die modischen Übertreibungen des sterbenden Rokoko, besonders über die gewaltigen Busensträuße, die Modedamen vor sich hertrugen. Dieser Busenschmuck hielt sich bis ins 19. Jahrhundert und hat in den Miedersträußen der Trachten und in den Reversblumen des 20. Jahrhunderts seine Fortsetzung gefunden. Auf dem Gemälde, das die Ziviltrauung von Napoleons Stiefsohn Eugène de Beauharnais mit der bayerischen Prinzessin Augusta darstellt, trägt die Braut ein Bukett aus vollerblühten Teerosen und Orangenblüten, die Kaiserin Josephine eines aus silbernen Phantasieblüten, und alle übrigen Damen haben zartrosa Rosen-Buketts an der linken Dekolleté-Seite ihrer Empire-Kleider angesteckt.

Je größer diese Modesträuße waren, desto weniger schätzten sie die Herren, und ein Monsieur führte deshalb in einem Gazetten-Artikel von 1750 bewegt Klage: „... die riesenmäßigen Sträußer haben ihre tyrannische Herrschaft wieder angenommen... daß sie uns mit einer gäntzlichen Verfinsterung desjenigen Theiles drohen, welcher ein so großes Stück der gantzen Schönheit eines Frauenzimmers ausmacht..."

So fiel Bescheidenheit des floralen Putzes besonders auf. „Lieber Gott, wie einfach!" rief die russische Kaiserin Elisabeth erstaunt aus, als ihre angeheiratete Nichte, die spätere Katharina die Große, bei einer öffentlichen Maskerade in einem schlichten weißen Kleid erschien und nur eine natürlich nachgemachte Rose in den zum *Fuchsschwanz* zusammengebundenen Haaren trug. Eine ganze Gemäldegalerie könnten die Porträs schöner oder berühmter Frauen füllen, die sich im Schmuck der Seidenrosen malen ließen. Madame Pompadour, die Mätresse Ludwigs XV.,

Abb. 34: Triumphe im preußischen Berlin feierte die Tänzerin Barbara Campanini, genannt „La Barbarina", in der Mitte des 18. Jhs. Ihr fußfreier silberner Reifrock unter dem Pardelfell ist mit bunten Blüten benäht. Blumenranken schmücken Dekolleté, Ärmel und Frisur. Gemälde von Antoine Pesne.

55

und Marie Antoinette, die Ehefrau seines Enkels Ludwig XVI., Josephine, die erste Frau Napoleons, und Marie-Louise, seine zweite. Die Tänzerin Fanny Elssler und die Tragödin Sarah Bernhardt. Bismarcks Frau Johanna und das Barfräulein der Folies Bergères von Manet.

Als kurz vor der Französischen Revolution Reifröcke und hochgetürmte Frisuren aus der Mode kamen, die Silhouette schlanker und schlichter wurde, packten die Modistinnen die Blumen, Federn und Bänder auf große Hüte und voluminöse Hauben. Im Jahrgang 1786 des *Journal des Luxus und der Moden,* das in Weimar erschien, gibt die Pariser Korrespondentin einen genauen Bericht darüber: „...auf Hüthen, die mit Atlas, Taft oder Flor überzogen sind, trägt man Band, Flor und Blumen, sowohl Guirlanden als einzelne Zweige..."

Es war das Jahr nach der berühmten Halsband-Affaire, die Marie Antoinettes Popularität endgültig vernichtete. Da das Rokoko seine Farbbezeichnungen mit Vorliebe den aktuellen Ereignissen entlieh, taufte man einige blasse Rotnuancen *Kardinal auf dem Stroh* oder *Gebleichter Kardinal,* um damit auf den vom König in die Bastille geschickten Kardinal de Rohan Bezug zu nehmen. Natürlich wurden auch die neuesten Modeblumen *à la Kardinal* eingefärbt. Eine Mode-Berichterstatterin beschrieb sie sehr poetisch:

„...Diese Art von Arbeiten, die man fleurs de fantasie nennt, sind eigentlich die Grotesken und Arabesken in der Blumenmacherey, eine Nachahmung der Natur, und haben kein ander Gesetz als geschmackvolle Composition der Formen und Modefarben. Man muß es ihnen ansehen, daß sie Geschöpfe spielender Phantasie sind, die sie vielleicht in einem Morgentraum hinhauchte, um nur eine Ephemeren-Existenz zu haben..."

Die turbulenten, mit Krieg, Tod und Unsicherheit erfüllten Jahre der Revolution und des Directoire eigneten sich wenig für poetische Garnituren, doch schon zur Konsulatszeit Napoleons fanden die hübschen Bürgerinnen die *Geschöpfe spielender Phantasie* wieder begehrenswert. Sie trugen sie, zu Diademen gebunden, auf ihren kurzen Tituskӧpfen oder hefteten sie an ihre leichten weißen Chemisekleider. Die Frau des Marschalls Junot beschrieb in ihren Memoiren einen

Abb. 35: Die „Coeffures de Leipsic" von 1783 gaben den Frauenzimmern Anregungen, wie sie ihre Modefrisuren mit Blumen schmücken konnten.

Coëffures de Leipſic.

1. à la bordure noble. 2. à la modeſtie
3 à la nobleſſe. 4. à la ſubtilité

Ball in Malmaison, den Josephine Bonaparte gab „... auf dem so viele anmuthige junge Frauen ... sich befanden ... in Kleidern von weißem Krepp, mit Blumen besetzt, Guirlanden auf dem Haupte, die eben so frisch waren, wie diese jugendlichen, lachenden, durch das Glück verschönten Gesichter..."

Frankreichs Herrscher hatten gewechselt, Frankreichs Modevorschläge bestimmten weiterhin den Geschmack der Frauen Europas, auch wenn ihr Land in politischer Gegnerschaft zu Frankreich stand. Die begehrten französischen Seidenblumen wurden sogar als diplomatisches Mittel eingesetzt. So erhielt die preußische Königin Luise eine Geschenksendung von Madame Bonaparte, der Frau des Ersten Konsuls und in seinem Auftrag besorgt.

„...Ich packe aus", berichtete Luise von Preußen in einem Brief an ihren Bruder, „finde zwölf Hüte und Bonnets, einen Karton voll Blumen und einen Karton mit einem Spitzenkleid von ungeheurem Wert ... Wer hätte das je geglaubt?..."

Napoleon, zu dieser Zeit noch an einem friedlichen Verhältnis mit Preußen interessiert, hatte eine Annäherung „durch die Blume" versucht, wenn auch ohne Erfolg.

Selbst als die Beziehungen schlechter und dann kriegerisch wurden, berichteten deutsche Journale getreu über die wechselnden Pariser Trends:

1807: „...Einige Hüte von weißem Stroh oder Bast, à la Pamela, mit runden vollen Sträußern von amaranthenfarbenen Aurikeln in der Mitte, und mit weißen Bandschleifen, waren von angenehmem Effekt..."

1808: „...Zu Staatskleidern ist ... weißer Krepp über halbem Atlas mit reicher Garnitur von Seidenschnüren oder mit äußerst zarten Blumenranken gleichfalls beliebt."

1813: „Als Modeblume sieht man vorzüglich noch Masliebchen. Dem rothen Jelängerjelieber ist der weiße gefolgt. Die neueste Blume ist die Kokosblüthe..."

1816: „...einige Blumen-Fabrikanten hatten ganz besondere Blumen geliefert, z. B. Moosrosen, deren eine Hälfte weiß, die andere dunkelroth war, gewöhnliche Rosen mit Distelblättern und dergleichen..."

Abb. 36: Modekupfer einer sitzenden Dame im Traueranzug. Über ihr sechs heitere Hüte aus Krepp, Gaze und Stroh mit Blumen- und Band-Garnierungen. Allgemeine Modenzeitung 1820.

1.
1.
1.
2.
2.
3.
Moden Z. 1820.
No 20

Inzwischen waren Napoleons erste Niederlage durch die Alliierten, seine Verbannung, seine triumphale Rückkehr und erneute Niederlage über die Weltbühne gegangen. In einer amüsanten Story um ein blumengarniertes Kleid spiegeln sich die politischen Ereignisse wider:
Dieses Kleid war nach der Rückkehr der Bourbonen bei dem Hofcouturier Leroy in Auftrag gegeben worden und für die Herzogin von Angoulème bestimmt. Leroy, der schon die Bonaparte-Prinzessinnen angezogen hatte, entwarf eine prächtige Staatsrobe aus golddurchwirktem Tüll und ließ sie mit Lilien, den Wappenblumen der Bourbonen, benähen. Die Blüten aus weißer Seide mit goldenen Staubfäden waren so verteilt, daß sie im Oberteil klein und gegen den Saum zu immer größer und abstehender wurden. Das Kleid war noch nicht fertig, als Napoleon von Elba zurückkam und die Bourbonen Hals über Kopf die Tuilerien verließen, die sofort der Kaiser bezog. Er richtete seinen Hofstaat neu ein und bestellte vorsorglich für die abwesende Kaiserin Marie Louise neue Kleider. Der geschäftstüchtige Leroy verkaufte ihm das Lilienkleid, er brauchte bloß die Blüten umfärben zu lassen und auf diese Weise in Kaiserkronen zu verwandeln, die auch eine Lilienart sind. Leider kam die Kaiserin nicht, dafür die Niederlage von Waterloo, und Leroy blieb zum zweiten Mal auf seiner Lilienrobe sitzen. Die Geschichte endete damit, daß er die Blumengarnitur noch einmal änderte, um das Kleid endgültig an die wieder zurückkehrende Bourbonen-Fürstin loszuwerden.
Als die Bourbonen den französischen Thron für ihren Vetter, den Bürgerkönig Louis Philippe räumen mußten, befand man sich schon im Biedermeier. Den Seidenblumen blieb auch diese Zeit treu. Auf den wieder steiferen und tonnenrunden Röcken, den mächtigen Hutschuten, den Frisuren mit festgedrehten Locken und Nackenknoten gab es für Blumenschmuck reiche Möglichkeiten. Wie die Epoche, waren auch die Blumen bürgerlicher geworden, sie kopierten, was in den ordentlichen Rabatten der Gärten, Blumenkästen und an Wiesenrainen wuchs. Diese bravromantische Zeit entdeckte die alte Symbolik der Blumen wieder und benutzte sie für ein Gesellschaftsspiel. Mit Hilfe der Fleuristin wurde stumm auf Promenaden und Abendgesellschaften geflirtet, denn was sich Demoiselles und junge Frauen in Haar oder Gürtel, an Busen oder Hut

Abb. 37: „Le Follet Courrier des Salons" von 1834 empfiehlt seinen Leserinnen ein weißes Ballkleid mit Lampionärmeln, grünen Schleifenbändern und zierlichen Tuffs von Moosröschen.

Le Follet Courrier des Salons

No. 16.

Supplément au Voleur.

On s'abonne à la Direction du Follet Boulevart St. Martin No. 61.

Bureau du Voleur, Rue du Helder. 11.

1834.

Abb. 38: Die Krinolinenzeit steckte die Modeblumen verschwenderisch an Kleider, Hüte und Abendfrisuren. Selbst das kleine Mädchen trägt Blumen unter dem Schutenrand. Allgemeine Modenzeitung 1854.
Abb. 39: Dinner- und Abendtoiletten für junge amerikanische Ladies der Wintersaison 1887 mit Cul de Paris und reichem Blumenschmuck. Aus „Harper's Bazar".

steckten, hatte tiefsinnige Bedeutung: Weiße Balsamine verriet Ungewißheit, Maiblume versprach die Rückkehr des Glücks und Klatschrose Trost, Lavendel drückte Mißtrauen aus und das Kräutlein Basilikum sogar Haß. Goethes exzentrische Schwiegertochter Ottilie soll eine wahre Meisterin dieser blumigen Verständigung gewesen sein und jedesmal, wenn sie Toilette machte, sich etwas Poetisch-Mysteriöses ausgedacht haben.

Als die Krinoline um die Mitte des Jahrhunderts ihre Herrschaft begann und die Röcke zu riesigen, schwankenden Glocken aufblähte, fanden die Modeblumen, zusammen mit Volants, Schleifen und Spitzen, noch mehr Verwendung. Trotz der damals so geringen Löhne waren diese handgefertigten kunstvollen Garnierungen nicht billig und zerdrückten schnell. So reservierte man sie für Ball- und Staatskleider, erfreute sich aber dafür im Alltag an den prachtvollsten Blumenhüten.

Die hochgestellten Damen gingen als reichgeschmücktes Beispiel voran. Im Juni 1838 wurde die 19jährige Victoria zur Königin von England gekrönt. Für ihre jungen Schleppenträgerinnen hatte die Herzogin von Richmond ganz gleiche Kleider entworfen, aus weißsilbernem Stoff und mit Rosen garniert. Alle Zuschauer waren sich einig, wie reizend die jungen Mädchen darin ausgesehen hätten, nur ihre Mütter übten heftige Kritik – sie waren nicht in dieser wichtigen Toilettenangelegenheit zu Rate gezogen worden.

Auch die junge Queen schmückte ihr nur 155 cm großes Persönchen gerne mit Kunstblüten, und manchmal tat sie des Guten zuviel. So mokierten sich bei ihrem französischen Staatsbesuch 1855 einige Höflinge Napoleons III. über ihr üppig mit Geranien überranktes Kleid. Etwa aus der gleichen Zeit datiert eine der ersten Fotografien von ihr, sie zeigt Victoria und Albert an ihrem 14. Hochzeitstag. Die Queen hatte für dieses sentimentale Jubiläum ein Kleid aus weißer Tüllspitze angezogen, das rund um den Saum mit kleinen Frühlingssträußchen garniert war. Ein Blütenkranz über den Haaren hielt den langen kostbaren Spitzenschleier fest. Als ihre älteste Tochter Vicky den deutschen Kronprinzen heiratete, waren die blumengarnierten Kleider nach wie vor in Mode. In dem nach Berlin abgehenden Trousseau gab es davon mehrere, eines war aus weiß-rosa

Abb. 40: Duftig getürmten Kunstwerken aus Blumen, Federn und Schleifen glichen die Hüte von 1875. Modelle aus der spanischen Modezeitschrift „El Correo de la Moda".

1136

EL CORREO DE LA MODA

Periódico ilustrado para las Señoras

Plaza de Prim. II. 3

Seide mit Vergißmeinnicht, ein anderes aus weißem Tüll mit Stiefmütterchen und eine besonders duftige Schöpfung aus goldgetupftem indischen Musseline verschönten, blaßrote Rosen mit goldenen Blättern.

Etwa um die gleiche Zeit wurde in München ein anderer fürstlicher Trousseau für die Braut des österreichischen Kaisers vorbereitet. Aus der Inventarliste ist zu entnehmen, daß Elisabeth, Herzogin in Bayern, in die Ehe 16 Hüte und Schleier, garniert mit Rosen, Veilchen und Federn, mitnahm. Darunter befand sich auch ein mit Feldblumen ausgeputzter Strohhut, den Franz Joseph so entzückend gefunden hatte, als er sich in Bad Ischl in seine Sissi verliebte. Bei dem hochzeitlichen Einzug konnten dann die Wiener ihre blutjunge Kaiserin in einem rosa-silbernen Atlaskleid mit Rosengirlanden bewundern.

Die duftigen Kleider und lieblichen Hüte reizender Prinzessinnen waren für die ebenso jungen Landeskinder eine herrliche Quelle modischer Anregungen, die man mehr oder minder originalgetreu bei einer Schneiderin nacharbeiten ließ oder selbst machte. Seidenblumen zu fertigen, war damals ein weit verbreitetes weibliches Hobby.

In Paris war die schöne Eugenie ein besonders gern kopiertes, fürstliches Modevorbild, denn sie besaß natürliche Eleganz und durch ihre Stellung die Möglichkeit, sie einer großen Zuschauerschaft vorzuführen. Sie wurde die Mäzenin des ersten Pariser Couturiers im heutigen Sinne, Charles Frederick Worth. Sein Start zum Star von Nadel und Schere gehört ebenfalls in die Geschichte der Seidenblumen.

Anfang des Jahres 1860 war es seiner Frau gelungen, zur gesellschaftlich tonangebenden Fürstin Metternich, der Frau des österreichischen Botschafters, vorzudringen, um ihr einige Kleiderskizzen zu zeigen. Der Fürstin gefielen sie, und sie bestellte bei Worth zwei Kleider für einen vorteilhaften Einführungspreis. Das Abendkleid, versprach sie, wollte sie beim nächsten Ball in den Tuilerien tragen. Der Couturier lieferte ein duftiges Krinolinenkleid aus weißem Tüll mit Silberlamé und garnierte es mit weißen Margeriten. Dem Modeblick der Kaiserin fiel es sofort auf, und sie erkundigte sich, wer es gearbeitet hätte. „... Und so geschah es", erzählte Pauline Metternich

Abb. 41: Hut-Träume der Pariser Haute Mode für den Sommer 1895. Die kleinen Formen auf den hochgetürmten Locken verschwinden fast unter ihrer üppigsteifen Garnierung. Aus „Société des Journaux de Modes réunies".

Reproduction interdite

Abel Goubaud Edr Paris

SOCIÉTÉ DES JOURNAUX DE MODES RÉUNIS 5, RUE DU 4 SEPTEMBRE, PARIS.

Modèles de Chapeaux de Mme AVY DE PRAX "Maison Neuve" *14, Avenue de l'Opéra.*

Parfumerie Oriza de LEGRAND, *Fournisseur de la Cour de Russie, 11, Place de la Madeleine.*

in ihren Memoiren, „daß Worth zu seinem Ruhm und ich zu Schaden kam, denn von da an gab es natürlich keine Kleider zu 300 Francs mehr für mich..."

Die Blumen aus Seide, Samt und Batist blühten weiter durch die Gründerzeit, und wer das Gemälde von Adolph Menzel „Souper bei einem Hofball in Berlin" betrachtet, kann sich vorstellen, welche komplizierten und überladenen Kunstwerke damals Abendkleider gewesen sind. Aus der lieblichen Sissi war inzwischen eine menschenscheue, unruhig durch die Welt reisende Frau geworden, die am liebsten schmucklose dunkle Kleider trug. Als Elisabeths Sohn Rudolph sich 1880 mit der belgischen Prinzessin Stephanie verlobte, schickte man der Kaiserin ein Foto der Braut im Backfischalter. Mit Maiglöckchen im blonden hochfrisierten Haar und am züchtigen Ausschnitt.

Eine ungeschriebene Etikette teilte die Blumen den Altersstufen zu. Junge Mädchen bekamen für ihre erste Ballsaison zarte Frühlingsblumen für Frisur und Kleid – Vergißmeinnicht, Tausendschön oder Mandelblüten. In der *Gartenlaube* von 1902 schildert eine dieser Debütantinnen ihren ersten Auftritt in der Gesellschaft, für den sie sich mit ihren Freundinnen die gleichen Kleider erbettelt hatte: „... das Ballfieber stand uns allen schreckensbleich auf den Gesichtern geschrieben, aber ob nun die Herren Mitleid mit unserer zaghaften Unschuld hatten, oder ob wir ihnen ... in den rosa Mullkleidern mit Schneeglöckchen-Kränzen gefielen – genug, wir tanzten alle und waren überglücklich..."

Junge Frauen durften sich in prächtigerem Blütenschmuck zeigen. Ihrer vollerblühten Schönheit entsprechend wählten sie Rosen, Nelken, spanischen Flieder oder Jasmin. Die aparte Anna Karenina machte eine Ausnahme. Tolstoi beschreibt, wie sie auf dem Ball, auf dem sich Graf Wronsky endgültig in sie verliebt, in einem schwarzen Samtkleid erscheint. „... in ihrem schwarzen Haar, das ohne Zuhilfenahme fremden Haares frisiert war, zeichnete sich eine kleine Guirlande von Stiefmütterchen ab, und Stiefmütterchen waren auch zwischen weißen Spitzen an der schwarzen Schärpe des Gürtels befestigt..."

Abb. 42: Die große Schauspielerin Sarah Bernhardt ließ sich 1879 mit einem Rosentuff an der Schulter porträtieren. Federzeichnung von A. Schabert.

Jahrgänge, die dem Herbst des Lebens zuneigten, bekamen von den Mode-Gazetten Georginen, Chrysanthemen, Erikazweiglein oder Silberähren empfohlen. Veilchen jedoch liebten und trugen alle Altersstufen, sie gehörten zu den Bestsellern der Kurzwarengeschäfte, und elegante Frauen parfümierten die Sträußchen nach Pariser Vorbild, bevor sie an Muff, Kostümrevers oder am Gürtel des Teekleides angebracht wurden.

Die letzte prachtvolle Blüte an Modeblumen sahen die Wohlstandsjahre vor dem Ersten Weltkrieg. Damen der Gesellschaft fanden die Modeblüten genau so unentbehrlich wie die Femme fatale oder das Dienstmädchen – wenn es Ausgang hatte. Wagenradgroße Hüte schwebten wie Miniaturgärten durch die Straßen und bildeten wahre Rabatten auf den fashionablen Rennplätzen oder Gartenfesten. Wenn man die Jahrgänge der Fachzeitschriften für Modistinnen durchblättert, kann man genau verfolgen, wie in jeder Saison die „Anpflanzungen" wechselten. Mai 1906: „... zu einer Modeblume scheint sich neben dem Seidenmohn die Nelke zu entwikkeln..."

November 1906: „... Das Veilchen, das im Anfang der Saison beiseite gestoßen wurde, um der großen, plumpen Georgine den Platz zu räumen, ist für Theater- und Ball-Coiffüren unentbehrlich..."

Frühjahr 1907: „... aus der reichen Fülle des Gebotenen erwähnen wir als besondere Neuheit kleine, etwa ein Drittel naturgroße Alpenveilchen, wundervolle Nelken, von lebenden kaum zu unterscheiden, Levkojen, die wir selbst für natürlich hielten, und Fuchsien, die ... einen ganz neuen und aparten Eindruck machen..."

Dann kam der große Paul Poiret, der die Frauen vom Korsett und der Last der Unterröcke befreite und ihnen dafür den Humpelrock und orientalische Ideen bescherte. An seinen Modellen sah man allenfalls eine einzige stilisierte Rose an der hochgerückten Taille oder am Saum einer Tunika stecken.

Abb. 43: Vorschläge für elegante Nachmittagsensembles, wie sie „Die Dame" im Frühjahr 1935 veröffentlichte. Als plastische Garnierung wurden Blüten aus dem Stoffmuster ausgeschnitten und auf die Seidenkleider links und rechts appliziert.

71

Auch die burschikose Garconne der 20er Jahre hatte wenig für diese so femininen Garnituren übrig. 1935 schrieb die Zeitschrift *Die Dame:*

„... Die künstliche Blume verblühte, als die Frau des 20. Jahrhunderts sich dem nüchternen Ideal der Sachlichkeit zuwandte, und sie wuchs erst zu neuer Pracht, als man all die kleinen Dinge wiederentdeckte, wie Schleier, Bänder und Spitzen, die der Reiz der Frauen auf alten Bildern sind. Heute werden künstliche Blumen aus Materialien gemacht, an die man früher nicht zu denken gewagt hätte: aus Samt, Leder, Brokat, Spitzen, Lack und Filz... Früher suchte man mit den künstlichen Blumen die Natur nachzuahmen, wir geben ihr alle Farben, die ihr die Natur nicht geben kann. Wir machen hellblaue Nelken und lachsfarbene Veilchen, lindfarbene Rosen und gelbe Kamelien..."

Auf Sachlichkeit war wieder eine feminine Mode gefolgt, man steckte Phantasieblüten an Hüte und Kostümaufschläge, und wenn es Abend wurde, erschienen die Frauen nach dem Vorbild der Hollywood-Stars in hautengen Satin- und Lamékleidern, geschmückt mit Orchideenbüscheln, aufgeblühten Silberrosen oder kühlen Callablüten.

„... Der Garten, in dem die künstlichen Blumen wachsen, ist die Phantasie", erklärte *Die Dame* ihren Leserinnen. „Solange die künstliche Blume im Schubfach liegt, ist sie tot. Sie lebt erst auf, wenn sie in die Hände einer Frau kommt... Von allen Kleinigkeiten, die den Anzug der Frau vollenden, ist diese die zärtlichste. Sie verdient es, daß man sie auch mit Zärtlichkeit behandelt..."

Noch einmal, nach dem letzten Krieg, als der Hunger nach Eleganz und weiblichem Aussehen groß war, behandelten die Modemacher die Seidenblumen mit Zärtlichkeit und Aufmerksamkeit, aber schon war es kein modisches Muß mehr, sie zu tragen.

Manche der großen Couturiers hatten und haben ihre Lieblingsblumen, für sie auch Glücksbringer jeder neuen Kollektion. Poiret bevorzugte die Rose, eine stilisierte Rose, von der Blumenkünstlerin Noémie Fromentin entworfen und auch als Vignette in seine Modell-Etiketten gestickt. Mademoiselle Chanel hatte eine Vorliebe für Kamelien und befestigte diese porzellanar-

Abb. 44: Das Pariser Couturehaus Givenchy beschloß seine Frühjahrskollektion 1980 mit einem Brautkleid aus Organdy, das von dem Atelier Noémie Fromentin mit Maiglöckchenstengeln über und über bestickt worden war. Es war für die Braut des Präsidenten von Haiti bestimmt.

Abb. 45: Margeriten mit diamantenbesetzten Kelchen stecken in der Abendfrisur von 1980.
Abb. 46: Für die Sommerfeste von 1967 wurde ein Blumenkranz in den Locken empfohlen. Beide Frisuren von Alexandre, Paris.

ten weißen Blüten immer wieder an ihren berühmten marineblauen Kostümen, an Hüten und an den Seidenbandgürteln der Abendkleider. Sie selbst trug einmal als Abendcoiffure ein krönchenartiges Kamelien-Gesteck über einem kurzen Schleier. Ihr Freund, Jean Cocteau, hatte die Idee gehabt. Maiglöckchen bevorzugte der Vater des New Look, Christian Dior, und Yves Saint Laurent, der Pariser Modezar von heute, hat ein Faible für Lilien, der ornamentalen Jugendstilblume. Seine theaterschönen Bräute tragen sie zum Abschluß seiner Modellschauen über den Laufsteg.

Es gibt sie nach wie vor, die Modeblumen, aber sie sind Einzelexemplare geworden, zu empfindlich und unpraktisch für unsere sachliche und hektische Zeit. Dafür haben sie in der Innendekoration ein neues, reiches Feld gefunden.

Abb. 47: Auf den Lockenköpfen von 1790 thronten große, blumenbesteckte Hüte.

Abb. 48: Eine Girlande von Seidenblüten umschließt die Corsage des Brautkleides, das der britische Modeschöpfer Ossie Clark 1981 entwarf. Es wird von der Schauspielerin Kristina van Eyck getragen.

Abb. 49–56: Blumenschmuck für Hüte haben die Modisten bis heute immer wieder reizvoll gefunden.
Abb. 49: Rosen und Fliederdolden wählte die Schauspielerin Lantelme 1910 für ihren riesigen Sommerhut.
Abb. 50: Früchte und Rosen stecken auf und unter der Krempe des Hutes von 1909.
Abb. 51: Der Zweispitz aus weißem Filz mit schwarz-weißen Blüten entstand vor dem Ersten Weltkrieg.
Abb. 52: Der Topfhut mit Stiefmütterchen wurde 1920 getragen.

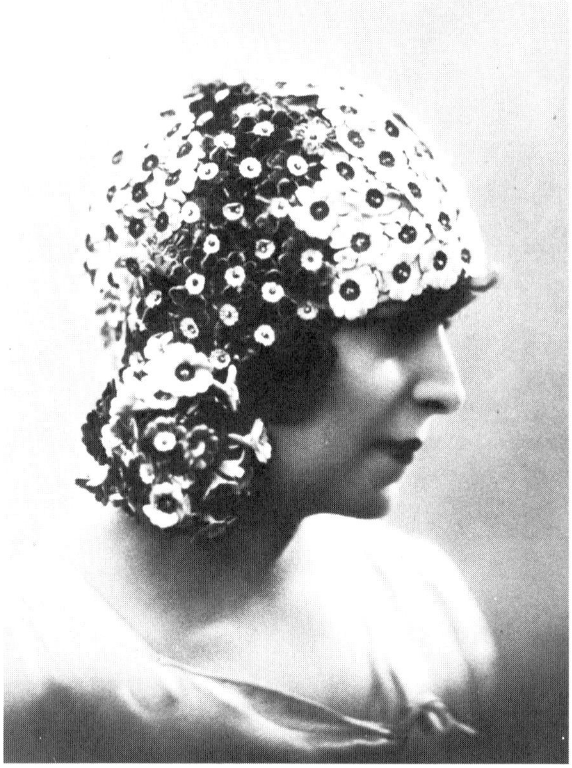

Abb. 53: Aus verschiedenfarbigen Samtprimeln ist die Abendkappe von 1928 zusammengesetzt.

Abb. 54: Das herzförmige Hutdeckelchen mit dem Veilchenstrauß war um 1940 in Mode.

Abb. 55: Die Etikette der Pariser Modistin Paulette trägt das weiße Strohhütchen mit der Rose von 1959.

Abb. 56: Romantischer Stil 1979, realisiert aus Exotengeflecht mit Blütenranke von H. Th. Becker.

Die nimmerwelken Innendekorationen

Dedalus hatt' in den Gärten auferbauet ein Gezelte
von gemengten Marmorarten
Ob den hocherhabenen Seulen gläntzte manches Silberblatt
manche Rose
manche Blume
so die Kunst gebildet hat.

Georg Philipp Harsdörfer, 1650

Künstliche Blumen als unverwelkbare Innendekoration? Die Idee scheint so einleuchtend, daß sie, wie die der Modeblumen, bestimmt eine lange, wenn auch nur selten erwähnte Vergangenheit hat. Die handgemachte Flora war nicht nur Schmuck mittelalterlicher Kirchen, sondern auch weltlicher Feste, doch öfter als aus Stoff muß sie aus Metallblech, Glas, Wachs oder sogar verzuckerten echten Blumen gemacht worden sein. Da große Festbankette ebenso dem Gaumengenuß wie dem Augenschmaus dienten, bot sich Tafelzier den Gästen als ein kunstvoll ausgeführtes, unterhaltendes, manchmal auch belehrendes Miniatur-Schauspiel dar. In einer detaillierten Schilderung eines Prunkmahles des 15. Jahrhunderts am reichen burgundischen Hof wird ein Tafelaufsatz erwähnt, auf dem eine Männerfigur mit einer Stange auf ein Gebüsch voller kleiner Vögel schlägt, während in einem Garten daneben, umschlossen von „... sehr hübsch gemachten Rosenhecken..." ein Paar sitzt und die Vögelchen verzehrt.
Woraus die hübschen Rosenhecken gemacht worden waren, sagt der Chronist leider nicht. Ebenso wenig ins Detail ging Georg Philip Harsdörfer in seinem 1650 erschienenen *Vollständigen Trincirbüchlein.* Heute würde man es ein Sachbuch für den Gastgeber nennen.
Nach der Beschreibung eines Schau-Essens fügt der Autor einen poetischen Schluß an:
„... Den Blumen, welche theils natürlich, theils künstlich, für die schönsten und angenehmsten Sachen dieser Welt gehalten werden, wollen wir hier ein Gedicht von der Götter Blumenmahle

Abb. 57: Zu Stilmöbeln paßt das Arrangement aus Blumen und Früchten, inspiriert von barocken Blumenstücken. Le Beau Jardin.

*Abb. 58:
Blumenkiste
zum Transportieren
von empfindlichen
Sträußen, wie
sie im 17. Jh.
in Frankreich
gebraucht wurde.*

Abb. 59: Blumenarrangement aus dem 17. Jh., dargestellt auf einem Stich der Zeit.

zu Beschluß dieses Wercklein anfügen..." (Die Gedichtzeilen stehen als Einleitung über diesem Kapitel.)

In der Barockzeit nahmen die Dekorationsblumen aus Stoff beweisbare Gestalt an. So findet man in dem Möbelinventar der französischen Krone von 1673 die Erwähnung von 3039 Blumenbuketts in verschiedenen Farben, gemacht aus plissierter Seidengaze mit seidenen Stengeln und Goldfäden. Außerdem werden noch 171 Buketts von Chinablumen aufgeführt, die aus einer einzigen gerollten oder gewickelten Seidenschnur gefertigt waren.

Also gleich Tausende von Seidenblumen-Sträußen für die Schlösser des Sonnenkönigs! Es werden üppige, steife Phantasie-Arrangements gewesen sein, denn das Bemühen um Naturtreue setzte erst später ein.

Auch im 18. Jahrhundert legten die Gastgeber genausoviel Wert auf die Tischdekorationen wie auf das, was auf den Tisch gebracht wurde. Die Gäste konnten sich vor ihren Gedecken an aufgebauten Miniaturgärten und Landschaften mit Grotten, Tempeln, Springbrunnen erfreuen, zwischen denen bunter Sand gestreut war und künstliche Blumen, Blattwerk und Früchte die Tafelaufsätze aus Silber oder Porzellan umgaben. „...Kräntze von Rosen, Lilien, Violen, Narcissen und andern Blumen ... welche alle in Festonen mit Oel- oder Reben-Blättern können gesetzet..." empfahl ein *Kück- und Keller-Dictionarum* von 1716 als Zierat bei Hochzeiten, Geburtsfesten und Banketten, und da zu dieser Zeit die Stoffblumenkunst schon recht verbreitet war, wird man sie wohl auch für die Festdekorationen herangezogen haben.

Ein Sieur Gélot, Artiste en fleurs im Stadtteil Saint Germain von Paris, hatte die erfolgreiche Idee, seine künstlichen Blumenschöpfungen mit natürlichen zu mischen und nutzte sein spezielles Florilegium besonders für Tafel- und Kaminschmuck. So verwandelte er den Kaminsims eines Auftraggebers in ein klassisches Peristyl mit Säulen und Nischen, in die er kleine Figuren und dazu die Kaminuhr einfügte und umschlang alles mit künstlichen Blumen und Früchten, die außerdem noch den Zweck hatten, einige Gläser für blühende Hyazinthen zu verdecken.

Abb. 60: Rosen, Margeriten, Nelken und Phantasieblumen sind zu einem großen Kranz zusammengebunden, der vielleicht ein Bild oder eine Büste umschloß. Spätes 19. Jh.

85

Abb. 61: Aus der Biedermeier-Zeit datiert das blumengefüllte Körbchen im Spiegelrahmen.

Abb. 62: Das mit Rosen besteckte Efeubäumchen unter dem Glassturz wird von einem goldenen Amor gekrönt.

Kopien von Zimmerblumen waren auch in den damaligen Versandkatalogen aufgeführt, die allerdings nur Beschreibungen der verfügbaren Artikel ohne Illustrationen lieferten. Das *Bureau de l'Abonnement litéraire* in Paris beispielsweise verzeichnete 1781 in seiner Liste eine Reihe von Tischaufsätzen und künstlichen Buketts, und in Deutschland wird nicht nur der berühmte Weimarer Blumenfabrikant Bertuch in seinem Sortiment Artikel gehabt haben wie: „...Blumen-Vasen und Körbchen zum Dessert, auch Plateaux dazu lackiert und gemahlt. – Blumenstöcke als Rosen, Nelken, Levcojen, Heliotrop, Veilchen etc., nach Natur gearbeitet und z.T. wohlriechend in Porzellan-Väschen. – Kleine portatife Arbeitstischgen mit Blumen garniert und ganz leichten Gestellen von Mahagony oder Birnbaumholz..."

Der nach der blühenden Natur gearbeitete Zierat schmückte manche der nützlichen oder auch nur dekorativen Gegenstände des femininen Lebens, ob sie aus den Händen von professionellen Kunsthandwerkern oder Amateuren stammten. Italienische Werkstätten fertigten kostbare, mit Gemmen- oder Email-Arbeit versehene Schmuckkästen an, aus denen etwa künstliche blühende Orangenbäumchen wuchsen. Spieluhren griffen diesen Einfall auf, und so konnte man seinen Spaß daran haben, wie sich Adam, Eva und die Schlange mitsamt einem halb blühenden, halb apfeltragenden Bäumchen zu den zirpenden Klängen der gravierten Walzen drehten. Auch reich verzierte Vasen oder silberne Zierkörbchen wurden mit Seidenblumen-Buketts verschenkt.

Christian Friedrich Reichardt, dessen Unternehmen sich *Königlich Sächsische Concessionierte Fabrik Künstlicher Blumen und Seidener Locken* nennen durfte, überreichte als Zeichen seiner Leistungsfähigkeit 1830 dem wohllöblichen Magistrat der Stadt Leipzig eine Prunkvase mit Kunstblumen. Sie fand einen ehrenvollen Platz im Sitzungssaal der Königlichen Landes-Manufaktur- und Kommerz-Deputation zu Dresden. Noch 25 Jahre später war der Name dieses tüchtigen Fabrikanten, der sich vor den Seidenblumen und Seidenlocken im Bäckereigewerbe und als Soldat Napoleons durchgeschlagen hatte, auf der Pariser Weltausstellung zu finden. Er zeigte eine Vase aus vergoldetem Flechtwerk, gefüllt mit Kunstblumen.

Abb. 63 und 64: Zur Dekoration der Gesellschaftsräume im 19. Jh. gehörten die Kunststräuße und Blumenpyramiden unter dem Glassturz, manchmal noch mit Vögeln, Schmetterlingen oder Insekten besetzt.
Abb. 63: Blumengesteck in weiß-goldener Vase, Anfang 20. Jh.
Abb. 64: Modernes Arrangement unter Glas. Le Beau Jardin. Zu beiden Stücken gehören Pendants.

Seidenblumen wurden auch gerne als graziöser Wandschmuck verwendet. Zierliche Kränze umgaben sentimentale Souvenirs, Heiligenbilder oder Porträts lieber Verstorbener, Buketts erinnerten an Jubiläen, Hochzeiten und Taufen. Da die Frauen in ihrer freien Zeit hauptsächlich handarbeiteten, dachten sie sich alles mögliche aus, um Phantasie und Finger zu beschäftigen. Die von ihnen mit Schere, Boule-Eisen und selbstgerührtem Klebstoff gefertigten Stoffblüten schmückten Kaminschirme und kleine Tische, sorgsam von Glasplatten vor Staub und Berührung abgedeckt, sie wurden in naive Genre- und Landschaftsbilder eingefügt, mit Stickerei kombiniert, unter Dosendeckel und um Spiegel geklebt. Seidenblumen garnierten auch Körbe mit Tauf- oder Brautausstattungen. In keinem wohleingerichteten Gesellschaftszimmer fehlte der zylindrische Glassturz, unter dem sich die Kunstvollsten der zarten Blumenkopien zu raffinierten Pyramiden türmten, in die noch Vögel, Schmetterlinge oder Insekten eingefügt sein konnten. Die damaligen Kunstblumen-Hersteller suchten nach immer neuen botanischen Vorbildern, heimischen wie exotischen, für ihr Angebot und versuchten, sie immer noch naturechter nachzuahmen. Auf der ersten Weltausstellung, 1851 in London eröffnet, waren Kunstblumen eine Attraktion der französischen Abteilung. Queen Victoria, eine begeisterte und beinahe tägliche Besucherin des Kristallpalastes, zollte diesem Stück Traumnatur die verdiente Bewunderung. Man sah Lotosblüten und Papyrusstauden, Riesendisteln, Gras, Klee und Wasserkresse von unwahrscheinlicher Naturtreue und einige Pflanzen in allen Stadien des Blühens und Verwelkens dargestellt. Bei der Ausstellungs-Jury erhoben sich sogar Zweifel an der Unechtheit der Objekte, bis ein Blumenkünstler demonstrativ eines seiner wertvollen Stücke zerpflückte.

Doch wenn etwas zur Perfektion gebracht ist, wenn keine Steigerung mehr möglich scheint, wird es den Menschen auch langweilig. Der Höhepunkt der Krinolinenzeit war auch der Höhepunkt der Kunstflora-Dekorationen. Im *Dictionnaire de l'Ameublement,* in den 80er Jahren in Frankreich herausgegeben, wird schon vermerkt, daß künstliche Zimmerpflanzen „in unserer Zeit" völlig aus den Wohnungen verschwunden seien und man entsetzt abwehren würde, als Geschenk eine Komposition von künstlichen Blumen anzunehmen, vielleicht noch garniert mit verschiede-

Abb. 65: Seidenblumen wurden auch gerne zur Verzierung von Gebrauchsgegenständen verwandt. Als Ofenschirm diente das Mahagoni-Gestell, zugleich Rahmen für ein Kranz-Motiv auf Seidenrips. Blätter und Stengel sind in Gobelinstickerei ausgeführt und die Blüten aus pastellfarbigem Gaze und Satin dazwischengesetzt. Ende 19. Jh.

91

nen Mineralien und das Ganze in einem Glassturz. Das einzige, was man „heute" akzeptieren könnte, seien künstliche Grünpflanzen, und auch diese allenfalls in öffentlichen Etablissements. Der gute Geschmack lehne sie auf jeden Fall ab.

Selbst *Gartenlaube*-Romane spiegeln diesen Geschmackswandel wider. Man spürt die abfällige Meinung der Autorin, wenn in einer Wohnungsbeschreibung zu lesen ist: „... Lisette erkannte die Einrichtung der Zimmer gleich wieder ... obgleich eine Menge neuester kunstgewerblicher Erzeugnisse hinzugekommen waren, die sich wunderlich genug zwischen all dem anderen Hausrath ausnahmen. Majoliken und Zinnteller, ein lebensgroßes Bild Lulus im weißen Damastkleide, reichlich tief ausgeschnitten ... Ferner gab's ein paar echte orientalische Teppiche, einen mit einem Eisbärenfell belegten Fenstertritt, dessen Schranke mit künstlichen Blattpflanzen dekoriert war ..."

Und die berühmten Makart-Sträuße, die Ende des 19. Jahrhunderts die große Mode waren, wird man fragen? Sie waren echte exotische Natur, aus Pfauen- und Straußenfedern, Pampaswedeln, Palmenblättern und vergoldeten Zweigen zusammengesteckt. Für den guten Geschmack war die nachgeahmte Natur ein Graus geworden, und fast hundert Jahre hat man an dieser Meinung festgehalten.

Inzwischen haben sich die Ansichten wieder geändert. Es blüht und grünt geruch- und wasserlos, wohin man auch seine Blicke richtet. Die Nimmerwelken dekorieren Auslagen der Geschäfte und Wohnungsfenster, stehen auf Restaurant- und Wohnzimmertischen, auf modernen wie antiken Möbeln, in Arbeiter- wie Luxuswohnungen. Wie einst die Artistes en fleurs des Grand Siècle gibt es wieder Blumenkünstler von Ruf, in deren Ateliers genau zu Raumfarben und Einrichtungsstil abgestimmte Arrangements bestellt und manchmal sehr teuer bezahlt werden.

Der Mangel an echten Blumen, wie er sich früher durch zu kalte oder zu trockene Zeiten, durch gartenlose Städte und Transportschwierigkeiten ergab, ist längst nicht mehr der Grund für die Kunstblumen-Hausse, denn noch nie hat es ein so großes Angebot an natürlichen Blüten- und Grünpflanzen gegeben, sommers wie winters, durch industriell betriebene Anbaugebiete und

Abb. 66: Zur Blumenkunst von Miyuki und Tomoko Iida gehören große Naturstücke wie diese Sonnenblumen-Gruppe, die durch den gemalten Hintergrund noch naturechter wirken soll. Sie war 1979 auf einer Ausstellung in Monte Carlo zu sehen.

Gewächshäuser ständig nachgefüllt und von modernen Transportmitteln frisch und schnell in den kleinsten Ort gebracht.
Der Erfolg der Immerblühenden lebt durch andere Fakten: Besitzfreude an teuren Prachtblumen, die man sich frisch nicht leisten kann, und ein wenig Bequemlichkeit mag mitspielen, aber auch die Neigung jeder Wohlstandsgesellschaft für reiche, immer perfekt aussehende Dekorationen, und sicher die Mode, Blumen „so die Kunst gebildet hat" begehrenswert zu finden.
Selbst, wenn man ihrer eines Tages abermals überdrüssig werden sollte – irgendwann wird immer wieder ein neuer Frühling der Seidenblumen heraufziehen.

Abb. 67 und 68: Ladenfront und Schild der Pariser Firma Trousselier, Fleurs d'Arts. Sie besteht seit hundert Jahren und ist nach wie vor in Familienbesitz.
Abb. 69: Blumenstrauß nach altem Vorbild, in einer Silbervase arrangiert. Höhe etwa 80 cm. Le Beau Jardin.

Bildnachweis

Art Institute Chicago: 10
Archiv Tione Raht: 35, 37, 39, 47, 67, 68.
Bayerische Staatsgemäldesammlungen, München: 1, 33.
Bibliothèque des Arts Décoratifs, Paris: 4, 7, 8, 9, 11, 12, 14, 15, 17, 18, 19, 58, 59.
Bildarchiv Preußischer Kulturbesitz, Berlin: 2, 3, 16, 20–31.
Goethe Nationalmuseum, Weimar: 5
Germanisches Nationalmuseum, Nürnberg: 32
Givenchy, Paris: 44
Harriet Hubbard Ayer, Paris: 45, 46.
Iida Miyuki, Japan: 13, 66.
Interfoto, München: 42
Le Beau Jardin, K.H. Obereder, München: 57, 64, 69.
Lipperheidische Kostümbibliothek in der Kunstbibliothek der Stiftung Preußischer Kulturbesitz, Berlin: 36, 38, 40, 41, 43, 49, 50, 51, 52, 53, 54, 70.
Modellhut, Rudolf Herzfeldt Verlag, Wiesbaden: 56
Münchner Stadtmuseum: 61, 62.
Privatbesitz: 60, 63, 65.
Schloß Charlottenburg, Berlin: Titelbild, 34.
VOGUE Condé Nast Verlag, München: 48

Fotonachweis

Jörg Anders, Berlin: Titel, 34.
Foto Blauel, Gauting: 1.
Bill King: 48.
Christian Wirth, München: 57, 60, 63, 64, 65, 69.

Literaturverzeichnis

Bücher

BERTIN, Celia: „Haute Couture“, 1956
BIEHN, Heinz: „Feste und Feiern“, München
von BOEHN, Max: „Die Mode“, München, 1925
BURSCHE, Stefan: „Tafelzier des Barock“, München, 1974
CONTE CORTI, Caesar: „Elisabeth von Österreich“, Wien, 1975
CLASEN-SCHMID, Mathilde: „Künstliche Blumen“, 1886
DAVENPORT, Millia: „The Book of Costume“, USA, 1948
IIDA, MIYUKI und TOMOKO: „The Beauty of Handmade Flowers, Japan, 1979
LÉNARD, Adèle: „Die Verfertigung künstlicher Blumen“, Leipzig, 1881
LONGFORD, Elizabeth: „Victoria, Königin und Kaiserin“, Oldenburg, 1966
MÜLLER, Dieter: „Kunstblumen“, Abschlußarbeit für die Fachhochschule Nürtingen, 1977
SAUNDERS, Edith: „König der Eleganten Welt“, Olten, 1957
SCHIER, Bruno: „Die Kunstblume von der Antike bis zur Gegenwart“, Berlin, 1957
Seidaflor-Katalog: „Textilblumen nach alter und neuer Art“, Hamburg, 1980
UZANNE, Octave: „La Femme à Paris“, 1894
WACHTEL, Joachim: „A la mode“, München, 1963
ZIMMERMANN, Magdalene: „Die Gartenlaube als Dokument ihrer Zeit“, München, 1963
ZISCHKA, Ulrike: „Kauft Blumen!“, Museum für Deutsche Volkskunde, Berlin, 1979

Nachschlagewerke:
„Dictionnaire de l’Ameublement“, Paris, Ende 19. Jahrhundert
„Encyclopédie des Sciences, Arts et Métiers“, Paris, 1751–1780
„La Femme“, Encyclopédie de la Femme, Paris, Anfang 20. Jahrhundert

Zeitschriften

„Allgemeine Modenzeitung“, Leipzig, Jahrgänge 1806–1894
„Die Dame“, Berlin, Jahrgänge 1912–1943
„Damenputz“, Fachzeitung für Modistinnen, Berlin, Jahrgänge 1906–1933
„Die Coiffure“, Berlin, Jahrgänge 1879–1897
„Journal des Luxus und der Moden“, Leipzig, Jahrgänge 1786–1825

Der Dank der Autorin gilt besonders Frau Dr. Gretel Wagner von der Lipperheidischen Kostümbibliothek Berlin, Frau Dr. Ulrike Zischka, Museum für Deutsche Volkskunde Berlin, und Madame Bonté von der Bibliothèque des Arts Décoratifs für ihre liebenswürdige Hilfe bei der Suche nach Text- und Bildmaterial.

Abb. 70: Modekupfer um 1815, das die Vorliebe der Frauen für reichen Blumenschmuck an Frisuren, Kleidern und in den Zimmern karikiert.